江西财经大学信毅学术文库

企业高管侵占型职务犯罪及其对企业价值的影响

张 蕊 管考磊 著

中国财经出版传媒集团
中国财政经济出版社

图书在版编目（CIP）数据

企业高管侵占型职务犯罪及其对企业价值的影响 / 张蕊，管考磊著. -- 北京：中国财政经济出版社，2021.1

（江西财经大学信毅学术文库）

ISBN 978-7-5223-0214-0

Ⅰ. ①企… Ⅱ. ①张… ②管… Ⅲ. ①企业管理－管理人员－职务犯罪－研究－中国 Ⅳ. ①D924.304

中国版本图书馆 CIP 数据核字（2020）第 251360 号

责任编辑：李　磊　王晗青　　　　责任校对：李　丽

中国财政经济出版社 出版

URL：http：//www.cfeph.cn

E-mail：cfeph@cfeph.cn

社址：北京市海淀区阜成路甲 28 号　邮政编码：100142

营销中心电话：010-88191522

天猫网店：中国财政经济出版社旗舰店

网址：https：//zgczjjcbs.tmall.com

北京财经印刷厂印刷　各地新华书店经销

成品尺寸：170mm×230mm　16 开　7.25 印张　150 000 字

2021 年 1 月第 1 版　2021 年 1 月北京第 1 次印刷

定价：35.00 元

ISBN 978-7-5223-0214-0

（图书出现印装问题，本社负责调换，电话：010-88190548）

本社质量投诉电话：010-88190744

打击盗版举报热线：010-88191661　QQ：2242791300

总　序

书籍是人类进步的阶梯。通过书籍出版，由语言文字所承载的人类智慧得到较为完好的保存，作者思想得到快速传播，这大大地方便了知识传承与人类学习交流活动。当前，国家和社会对知识创新的高度重视和巨大需求促成了中国学术出版事业的新一轮繁荣。学术能力已成为高校综合服务水平的重要体现，是高校价值追求和价值创造的关键衡量指标。

科学合理的学科专业、引领学术前沿的师资队伍、作为知识载体和传播媒介的优秀作品，是高校作为学术创新主体必备的三大要素。江西财经大学较为合理的学科结构和相对优秀的师资队伍，为学校学术发展与繁荣奠定了坚实的基础。近年来，学校教师教材、学术专著编撰和出版活动相当活跃。

为加强我校学术专著出版管理，锤炼教师学术科研能力，提高学术科研质量和教师整体科研水平，将师资、学科、学术等优势转化为人才培养优势，我校决定分批次出版高质量专著系列；并选取学校“信敏廉毅”校训精神的前尾两字，将该专著系列命名为“信毅学术文库”。在此之前，我校已分批出版“江西财经大学学术文库”和“江西财经大学博士论文文库”。为打造学术品牌，突出江财特色，学校在上述两个文库出版经验的基础上，推出“信毅学术文库”。在复旦大学出版社的大力支持下，“信毅学术文库”已成功出版两期，获得了业界的广泛好评。

“信毅学术文库”每年选取10部学术专著予以资助出版。这些学术专著囊括经济、管理、法律、社会等方面内容，均为关注社会热点论题或有重要研究参考价值的选题。这些专著不仅对专业研究人员开展研究工作具有参考价值，也贴近人们的实际生活，有一定的学术价值和现实指导意义。专著的作者既有学术领域的资深学者，也有初出茅庐的优秀博士。资深学者因其学术涵养深厚，他们的学术观点代表着专业研究领域的理论前沿，对他们专著的出版能够带来较好的学术影响和社会效益。优秀博士作为青年学者，他们学术思维活跃，容易提出新的甚至是有突破性的学术观点，从而成为学术研究或学术争论的焦点，出版他们学术成果的社会效益也不言自明。一般而言，国家级科研基金资助项目具有较强的创新性，该类研究成果常常在国内甚至国际专业研究领域处于领先水平，基于以上考虑，我们在本次出版的专著中也吸纳了国家级科研课题项目研究成果。

“信毅学术文库”将分期分批出版问世，我们将严格质量管理，努力提升学术专著水平，力争将“信毅学术文库”打造成为业内有影响力的高端品牌。

王　乔

2016 年 11 月

前　言

随着中国市场经济体制的建立与完善，中国企业得到了蓬勃发展，但企业高管侵占型职务犯罪也越来越频繁发生并呈现出蔓延之势，成为一道黑色的“风景线”。党的十八大以来，随着反腐倡廉和从严治党的持续推进，越来越多的企业高管侵占型职务犯罪被揭露与惩处。不同于普通员工，企业高管掌握着企业重要资源配置的绝对权力，是企业重大决策的制定者和执行者。如果高管能够正确运用手中权力，就能为企业及其利益相关者创造更多的价值；反之，如果高管利用手中权力实施侵占型职务犯罪活动，那么就会给企业及其利益相关者带来极大危害和经济损失，甚至还有可能危及国家资本市场的健康发展和经济的可持续增长。因此，高管侵占型职务犯罪不仅仅影响高管个人前途和企业未来生存发展的问题，更涉及整个国家经济发展和社会进步的重要问题。另外，由于高管侵占型职务犯罪所具有的“化公为私”和“中饱私囊”特性，故高管侵占型职务犯罪更容易和更普遍地发生在国有企业中。因此，在以国有企业为国家经济“顶梁柱”的中国，研究企业高管侵占型职务犯罪问题对于当前国企改革、市场经济体制完善和政府治理具有更加不同寻常的意义。

本书共包括 8 章内容。第 1 章是导论，主要介绍了本书研究的背景与意义、目标与关键问题、思路与方法，以及特色与创新。第 2 章是文献综述，对有关高管侵占型职务犯罪和企业价值的文献进行了全面综述与评价，为后文研究提供了文献基础。第 3 章是高管侵占型职务犯罪概述，主要分析了高管侵占型职务犯罪的概念和类型，并分别基于统计数据和会计视角对国企高管侵占型职务犯罪的特征进行了深入分析。第 4 章是高管侵占型职务犯罪的机理分析，分别基于经济学理论和舞弊三角理论分析了高管侵占型职务犯罪产生的原因。第 5 章从高管薪酬差距的视角，运用中国上市公司经验数据，实证检验了高管侵占型职务犯罪的产生机理。第6章是高管侵占型职务犯罪对企业价值影响机理分析的具体表现，从理论上深入分析了高管侵占型职务犯罪影响企业价值的作用机理和具体表现。第7章是高管侵占型职务犯罪对企业价值影响的实证检验，运用中国上市公司经验数据实证检验了高管侵占型职务犯罪对企业价值的短期影响、长期影响和极端影响。第8章是高管侵占型职务犯罪的识别与防范，主要从会计的视角对如何识别高管侵占型职务犯罪提出了建议，并从委托代理理论、寻租理论、健全市场机制和内部控制制度、完善法律法规方面等对防范高管侵占型职务犯罪提出了可行性措施。

本书的研究特点与贡献在于：首先，当前对于高管侵占型职务犯罪产生机理和经济后果的研究还较为鲜见，本书深化了理论界和实务界有关这一问题的理论认识。其次，本书在高管侵占型职务犯罪的特征分析和机理分析的基础上，提出了识别与防范高管侵占型职务犯罪的建议与措施，为当前政府和企业治理高管侵占型职务犯罪提供了借鉴与启发。再次，本书综合运用了规范分析、实证分析和统计分析等多种研究方法，既保证了研究内容的逻辑相关性和紧密性，又为研究内容提供了定量化的检验，从而使研究内容客观与科学。最后，本书运用经济学中的委托代理理论和寻租理论分析高管侵占型职务犯罪的产生机理和经济后果，体现出了各学科相互渗透、相互融合和相互长入的跨学科交叉性研究特色。

本书的顺利完成和出版得到了国家自然科学基金项目（71562014、71862015）、江西财经大学的资助与支持。同时，本书在资料搜集和整理与数据分析方面得到了江西财经大学会计发展研究中心陈剑洪博士的大力协助，在此一并表示真诚的感谢。本书所涉及的高管侵占型职务犯罪相关数据的搜集和整理得到了江西财经大学会计学院硕士研究生熊明岚、赵军、曾琼、余舒、叶云帆、吴之琼、顾玉婷、李晨睿、邱振豪、刁克、王倩雯、钟佩君、邓俊、张艳萍、李慧、周丹、张鑫怡、吴文玉、章君瑶、陈玉婷、刘园园、杨清羽的帮助，在此感谢他（她）们出色的助研工作。此外，本书的出版还得到了中国财经出版传媒集团徐洁主任和李磊责任编辑的大力支持与帮助，特此表示衷心谢意。

编者

2020年3月31日

目　　录

第1章 导 论

1.1 研究的背景及意义

1.1.1 研究的背景

不同于普通员工，企业高级管理者（以下简称为高管）掌握着企业重要资源配置的绝对权力，他们针对企业的任何行为，都会对企业和利益相关者产生重大影响。权力是一把双刃剑，如果企业高管能够正确运用手中权力，那么就能为企业和利益相关者创造更多的价值；反之，如果企业高管利用手中权力实施犯罪活动，那么就会给企业和利益相关者带来极大的危害。美国安然公司（Enron）高管所实施的财务欺诈、串谋和内幕交易等职务犯罪活动不仅使市值高达800亿美元的安然公司轰然倒塌和多位高管锒铛入狱，而且还波及了全球五大会计师事务所之一的安达信（Andenson），致其因妨碍司法公正而被迫解散，更由此引出了另一电信巨头世通公司的犯罪丑闻，随后世通公司（Worldcom）也宣告倒闭①。这一系列由高管职务犯罪所引发的企业破产倒闭事件，给美国经济复苏、资本市场健康发展、政府监管和立法都带来了严重的不利影响。在国内，万福生科和绿大地两家上市公司的高管通过财务欺诈所实施的职务犯罪不仅使高管被

① 陆建桥：《后安然时代的会计与审计——评美国〈2002年萨班斯—奥克斯利法案〉及其对会计、审计发展的影响》，《会计研究》，2002年第10期。

判入狱，公司因陷入困境而被重组，而且导致为上市公司提供服务的会计师事务所、律师事务所和证券公司受到牵连，被迫解散或者支付巨额赔偿，广大的中小股东更是为此蒙受了巨额的损失①。由此可见，高管职务犯罪不仅是一个影响高管个人前途和企业未来生存状况的问题，更是一个涉及整个国家经济健康发展和社会进步的重要问题，对于由国有企业支配国民经济命脉的中国而言更是如此。

随着市场经济体制的逐步建立，中国企业得到了蓬勃的发展；然而，企业高管职务犯罪却已从原来的零星发生渐成多发、频发之势（见表1-1），俨然已成为一道黑色的“风景线”。一些企业高管在追求个人利益最大化时，公权私用，包括私权侵蚀公权的以公济私、化公为私、损公肥私等职务犯罪活动。企业高管的职务犯罪极大地动摇了人们对现代企业制度的信心，破坏了公信力，严重破坏了社会主义经济建设的秩序，阻碍了社会经济的发展与和谐社会的建立，导致了大量的国有资产被侵吞、流失，产生了极坏的社会影响。我国的公有制经济性质决定了国有企业是国民经济的主要成分，在经济发展中起着主导地位作用。因此，国企高管的职务犯罪性质更为严重，产生的影响也更坏。为此，中共中央明确指出，防止国企高管的腐败及国有资产的流失乃是“十二五”“十三五”时期的工作重点。对企业高管尤其是国企高管的侵占型职务犯罪的机理及其经济后果展开研究，并提出有效的防范措施，则是摆在我们面前急需解决的一个重大课题。

表1-1　企业高管职务犯罪人数统计（1990~2018年）

年份	国企高管职务犯罪人数（人）	民企高管职务犯罪人数（人）	合计（人）
1990	1	0	1
1991	0	0	0
1992	0	0	0
1993	2	1	3
1994	2	0	2

① 田原：《万福生科与绿大地案对比：处罚力度和范围均加大》，人民网 http://finance.people.com.cn/stock/n/2013/0515/c67815-21494694.html，2020年5月28日。

续表

年份	国企高管职务犯罪人数（人）	民企高管职务犯罪人数（人）	合计（人）
1995	2	0	2
1996	1	0	1
1997	2	1	3
1998	2	2	4
1999	4	5	9
2000	5	5	10
2001	5	7	12
2002	10	14	24
2003	8	7	15
2004	10	18	28
2005	9	15	24
2006	8	23	31
2007	15	25	40
2008	5	7	12
2009	34	24	58
2010	47	27	74
2011	76	85	161
2012	85	149	234
2013	133	439	572
2014	122	632	754
2015	170	732	902
2016	236	1543	1779
2017	308	1906	2214
2018	297	2425	2722
合计	1599	8092	9691

数据来源：笔者运用百度网（www. baidu. com）搜索引擎手工搜集整理。

1.1.2　研究的意义

现代企业中所有权与经营权产生了分离，由此导致了以股东为代表的利益相关者对高管行为的约束是有限的。同时，高管也掌握着企业核心资源的配置权力，因此，侵占型职务犯罪作为高管利用手中的职权为个人牟取非法利益的一类职务犯罪，在企业中频繁发生。本书研究了高管侵占型职务犯罪行为的特征、发生机理、经济后果和防范措施，研究意义主要体现在如下几个方面：

第一，不同于普通员工的犯罪行为，高管侵占型犯罪会给企业及其众多利益相关者带来极大危害。因此，探究高管侵占型职务犯罪的发生机理就成为防范和治理高管侵占型犯罪的重要前提。本书基于经济学中的委托代理理论、寻租理论、契约理论、经理人市场理论和均衡价格理论，以及舞弊三角理论，多维度、多视角深入分析了高管侵占型职务犯罪的发生机理。现有文献对于这一问题的分析还较为少见，本书的研究不仅弥补了有关高管侵占型职务犯罪发生机理的研究空白，而且为理论界和实务界就如何对高管侵占型职务犯罪进行治理提供了借鉴。

第二，高管侵占型职务犯罪从本质上表现为一种委托—代理条件下高管利用“剩余控制权”[①] 为个人牟取不正当利益的权力寻租和利益攫取行为。高管侵占型职务犯罪是困扰世界各国政府、资本市场监管者和参与者的难题，如何有效防范和治理高管侵占型职务犯罪成为一个亟待加以研究的重要问题。现有文献对于这一问题的研究同样较为少见，本书从委托—代理理论、寻租理论、健全市场机制和企业内部控制制度、完善相关法律法规等方面探究了高管侵占型职务犯罪的防范和治理措施。因此，本书的研究不仅丰富了有关高管侵占型职务犯罪防范和治理问题的文献，而且为政府、国资委、监管机构和股东防范和治理高管侵占型职务犯罪提供了参考。

第三，高管侵占型职务犯罪作为一种假公济私、化公为私的对企业财产掠夺的行为，是高管为了谋求个人利益而故意实施的职务犯罪活动，是一种典型的“寻租型”犯罪活动。高管的这一行为会对企业带来哪些具体经济后果？现有文献并未运用中国上市公司的经验数据对这一问题进行验证。本书运用手工搜集的中国上市公司高管侵占型职务犯罪数据，实证检

① “剩余控制权”是相对于“契约性控制权”而言的，指的是在契约中事先无法规定的那份控制权的权力，被现代产权理论视为产权的本质。

验了高管侵占型职务犯罪对企业短期价值、长期价值和财务困境的影响。研究发现，高管侵占型职务犯罪降低了企业的短期价值和长期价值，并且导致企业陷入财务困境的概率增加。本书的运用中国上市公司的经验数据验证了高管侵占型职务犯罪对企业价值所带来的负面影响，这为理论界和实务界认识高管侵占型职务犯罪的经济后果及其危害提供了经验证据。

第四，企业价值是企业适应市场环境、获利能力和竞争优势的综合表现，它反映的不仅仅是企业的过去和现在，最重要的是反映企业的未来。现有文献主要从公司治理、资本结构和多元化经营等角度研究企业价值的影响因素，但是鲜有文献从高管侵占型职务犯罪的角度分析企业价值的影响因素。本书在中国企业高管职务犯罪案件频发的背景下，把高管侵占型职务犯罪视为高管的一种“道德风险”问题和“权力寻租”问题，以委托—代理理论和寻租理论为理论基础，从理论和实证两方面分析和检验高管侵占型职务犯罪对企业价值的影响，这不仅有助于拓展和深化当前有关企业价值影响因素的理论认识，而且为有效提升企业价值提供了启示。

第五，企业价值体现为短期价值、长期价值和极端价值三种形式。对于以短期获利为目的的投资者来说，关注企业价值在短期内的表现是十分有意义的，因为投资者可以通过“低买高卖”策略而获利。但是对于企业的控股股东和战略投资者来说，他们更加关注企业价值在一个较长时期内的表现，这是因为他们希望通过企业长期的良好经营或者与自身形成协同效应而获益。财务困境主要表现为企业因为财务状况不断恶化而无力偿还各项债务被迫破产清算或者大规模重组，企业陷入财务困境的过程也是企业价值不断走低，甚至归零的过程。因此，财务困境也是企业价值的一种表现形式，只不过是一种类似极端的状况。对于同一家企业而言，其三种类型的价值并不完全一致，并且不同类型的企业价值对于不同投资者的意义也不尽相同。对于企业价值问题的研究如果仅仅停留在某一种类型上面，必然导致研究结论的片面性，只有同时研究三种不同形式的企业价值才能更加全面地探明企业价值的真正影响因素。而本书基于中国上市公司的经验数据分别实证检验了高管侵占型职务犯罪对三种形式企业价值的影响，对于不同类型的投资者认识由于高管侵占型职务犯罪使企业价值受损提供了新的视角和思路。

第六，现代企业高管侵占型职务犯罪的一个重要特点是利用其在企业拥有的职务上的权力，为牟取个人经济利益而实施的犯罪活动，高管贪污受贿等腐败行为是高管侵占型职务犯罪的最集中体现，也是数量最多的一类高管侵占型职务犯罪活动。特别是党的十八大以来，国家反腐倡廉的持续发力和依法治国的全面推进，一大批企业高管因为腐败行为而被调查和审判，本书关于高管侵占型犯罪发生机理、影响因素、经济后果和治理防范措施的研究，为当前反腐倡廉的深入开展起到一定的启发和借鉴作用。

第七，中国作为一个转型中的社会主义国家，国有企业在整个国民经济中处于主体地位。国有企业的全民所有特性决定了它的经营只能实行多层次的委托代理制，从而导致了国有企业高管比民营企业高管拥有了更大的、不受监督的“剩余控制权”，这使得高管侵占型职务犯罪更容易、更普遍地发生在国有企业中。因此，本书关于高管侵占型职务犯罪发生机理、影响因素、经济后果和治理防范措施的研究，对当前的国企改革、国企高管激励、市场经济体制完善和政府治理具有重要的参考价值。

1.2 研究的目标与关键问题

1.2.1 研究的目的

本研究的总目标就是根据企业高管侵占型职务犯罪的机理分析及其对企业价值的影响分析与论证，提出具有针对性的防范措施，为有效治理企业高管侵占型职务犯罪提供必要的借鉴。具体而言，研究目标包括以下内容：

第一，在数据统计、会计手法分析的基础上，总结出企业高管职务犯罪，包括侵占型职务犯罪的特征。第二，多视角、多维度（如从委托代理理论、契约理论、寻租理论、经理人市场理论与均衡理论、舞弊三角理论等视角和维度），就企业高管侵占型职务犯罪的机理展开论证研究。第三，就高管的薪酬差距对侵占型职务犯罪的影响进行了实证检验，从而为机理的研究提供了经验证据，使企业高管侵占型职务犯罪的机理研究更为充分与全面。第四，地区的法治水平和企业的自由现金流量是企业内、外部两个影响企业高管侵占型职务犯罪的重要因素，故此，地区法治水平和自由现金流量对高管薪酬差距诱发侵占型职务犯罪的调节作用的实证分析也必然构成本研究的目标之一。第五，从理论上（主要运用委托—代理理论和寻租理论）分析高管侵占型职务犯罪对企业价值影响的作用机理，并与高管侵占型职务犯罪机理研究相结合，构建一个整体理论框架。第六，运用已积累的高管侵占型职务犯罪的样本，从短期、长期和极端三个维度，实证检验高管侵占型职务犯罪对企业价值的影响，从而为企业高管侵占型职务犯罪所造成的经济后果提供具有说服力的经验证据，也为探明企业价值的影响提供经验证据。第七，机构投资者在资本市场中起着极为重要的作用，对高管侵占型职务犯罪也将产生一定的影响。因此，运用实证的研究方法分析机构投资者对于高管侵占型职务犯罪影响企业价值的调节作用也构成了本研究的目标。第八，高管侵占型职务犯罪的防范。这是本课题研究的落脚点所在，这一研究目标将根据高管侵占型职务犯罪的机理与对企业价值的影响，提出具有针对性的措施，从而达到有效防范的目的。

1.2.2 关键的问题

第一，就企业高管侵占型职务犯罪的机理需要从全方位、多视角进行探究，才能认识全面与深刻。以什么理论和从哪些维度探讨高管侵占型职务犯罪的机理是本研究需要解决的第一个关键问题。第二，企业价值会受到企业内外部、宏观和微观因素的影响，同时也是这些因素综合作用的结果。如何在综合考虑其他因素的情况下，从理论上探究高管侵占型职务犯罪对企业价值的影响，并建立理论分析框架是本研究需要解决的第二个关键问题。第三，企业价值是一个综合的指标，可以用不同的指标进行衡量与反映。如何选择指标综合反映高管侵占型职务犯罪对企业价值的影响并进行实证检验是本研究需要解决的第三个关键问题。第四，企业高管侵占型职务犯罪对企业价值的影响会受多种因素的影响，如何选择重要的影响因素调节高管侵占型职务犯罪对企业价值的影响并展开实证研究，是本研究需要应对的第四个关键问题。第五，高管侵占型职务犯罪的信息资料从现有的年报或现有数据库中无法获得，需要运用其他手段进行手工收集。如何客观、全面地收集、整理、加工成本研究项目分析所需要的数据资料，则是本研究面临的与方法有关的第五个关键问题。

1.3 研究的思路与方法

1.3.1 研究思路

本课题的研究思路：第一，就企业高管职务犯罪包括侵占型职务犯罪的基本概念及理论问题进行必要的界定。第二，通过对数据的收集、整理和分析，得出若干特征，进而说明为什么将侵占型职务犯罪作为研究的主要内容。第三，运用委托代理理论、寻租理论、契约理论、经理人市场理论、舞弊三角理论等就企业高管侵占型职务犯罪的机理展开综合的探讨。第四，就高管侵占型职务犯罪对企业价值影响的机理进行分析与探究，并在此基础上，就短期影响、长期影响和极端影响展开实证研究。第五，根据上述分析，有针对性地提出防范的措施建议。

上述的研究思路可用以下的技术路线图 1 -1 表示。

1.3.2 研究方法

本研究采用了文献研究法、规范分析法与实证研究的方法等。首先，文献研究法既能够提供理论上、研究方法上或研究工具设计方面的依据，还可以为课题选题方向的确定、理论框架的建立和研究假说的提出奠定基础。该方法主要运用于文献述评和假说提出的分析。其次，规范分析方法主要是运用委托代理理论、寻租理论、契约理论、经理人市场理论、均衡理论、舞弊三角理论，从逻辑上分析高管侵占型职务犯罪及其影响企业价值的作用机理，为后续理论分析和建立研究假说提供理论支撑。该方法主要运用于第 3、第 4、第 5 及第 6 章的理论分析。最后，实证研究方法在对数据分析的基础上，为研究假说提供经验证据上的支持或否定，该方法摒

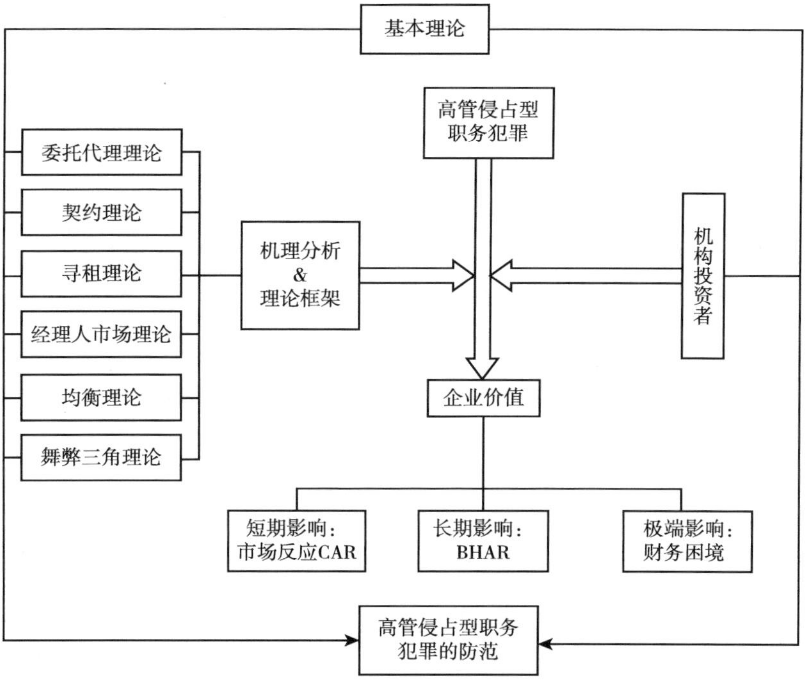

图1-1　研究思路技术路线图

弃价值判断，尽可能减少主观因素对研究结论的影响。该方法主要运用于第5、第6章的实证检验。

1.4　研究的特色与创新

本研究的特色与创新之处主要有：

第一，厘清了高管侵占型职务犯罪的基本理论问题，包括高管职务犯罪的概念、界定、种类划分及其特征的统计分析与提炼。

第二，从多个理论视角多维地对企业高管侵占型职务犯罪的机理展开研究，把高管侵占型职务犯罪视为高管的一种“道德风险”问题和“权力寻租”问题，从而运用经济学中的委托代理理论、契约理论、经理人市场理论、均衡理论和寻租理论等来分析高管侵占型职务犯罪，成功地把经济学理论引入到财务问题和会计问题的研究中来，从而深刻地揭示了企业高管侵占型职务犯罪的深层次原因，为企业高管侵占型职务犯罪的有关理论问题的研究，以及有效防范提供必要的参考与依据。这种各学科间相互渗透、相互融合和相互长入的跨学科研究为本研究取得创新性和突破性研究成果奠定了良好的基础。

第三，在从理论上分析探讨高管侵占型职务犯罪机理的同时，还进行了实证检验，即薪酬差距对高管侵占型职务犯罪的影响，并将地区法治水平与自由现金流量内外两个重要因素作为调节作用进行实证分析，使得高管侵占型职务犯罪的机理研究更为全面、充分。

第四，当前从高管侵占型职务犯罪的角度来研究企业价值的影响因素的文献还相当少见。此外，从企业价值的角度来分析高管侵占型职务犯罪所带来的经济后果的研究也颇为少见。本研究主要运用寻租理论把高管侵占型职务犯罪和企业价值有机地连接起来，着眼于高管侵占型职务犯罪的经济后果和企业价值的影响因素，不仅进一步深化了有关企业价值影响因素的认识，而且为了解高管侵占型职务犯罪的经济后果提供了一个新的视角。

第五，本研究把机构投资者持股纳入高管侵占型职务犯罪影响企业价值的分析框架中来，深入探究机构投资者持股比例对于这种影响的调节作用。这不仅使得本研究能够更加真实地反映当前状况，也是以前的学者在研究中所忽视而本研究将其纳入分析过程的关键点。

第2章　文献综述

由于本研究横跨两个相对独立的研究领域，因此，本研究对现有文献分别从高管职务犯罪和企业价值影响因素两个方面进行回顾和梳理。

2.1　高管职务犯罪的研究

当前针对高管侵占型职务犯罪的研究极为少见，并且高管侵占型职务犯罪也是高管职务犯罪中数量最多的一种类型，鉴于此本研究主要从高管职务犯罪的产生原因、治理对策和经济后果三个方面，回顾和梳理高管职务犯罪领域的文献并进行综述。

2.1.1　高管职务犯罪产生的原因

（1）公司治理方面。

Yalamov 和 Belev（2002）、Watson 和 Hirsch（2010）研究认为，企业高管犯罪是由于以高管为中心的企业组织结构和公司治理机制脆弱而导致的一种违法现象。李维安（2005）研究认为，中国上市公司高管频频违规的根本原因在于：上市公司治理机制缺失造成的行政型治理向经济型治理转换过程中的治理失控。巴曙松和贾宿（2003）也研究认为，中国上市公司高管犯罪产生的原因主要是：一股独大下的支配权滥用、关联交易、专业和有效的外部治理环境的缺乏、投资者保护机制以及董事责任制度的缺失等。有关高管职务犯罪的实证研究也支持了上述观点。Wu（2005）利用跨国样本考察了企业高管犯罪与公司治理之间的关系，发现公司治理水平会显著影响企业高管犯罪的发生。苏卫东和陈超（2005）、周好文等

(2006)、庞金勇和杨延村(2007)、陈利军等(2007)、张栋等(2007)等文献进一步研究了公司治理的某个方面与企业高管职务犯罪之间的关系,结果表明,股权集中度、控股股东产权性质、董事会规模和内部人控制等公司治理因素对企业高管犯罪具有显著的影响。

(2)薪酬激励方面。

胡经生(2005)、曾威(2013)研究一致认为,包括国有企业在内的中国上市公司高管之所以实施犯罪活动,一个主要原因在于许多上市公司还未建立起长期的薪酬激励机制,而对于已经建立的激励机制也存在逆向选择和多任务激励等问题。Pradyot(2007)研究高管犯罪和股权激励之间的关系,研究发现,高管持股份额的增加不一定会减弱其犯罪倾向,并且当高管犯罪的收益和相应的惩罚增加时,高管会采取混合策略,间断性实施犯罪活动,除非犯罪收益完全被惩罚所抵消。针对中国企业高管薪酬受到政府严格管制这一背景,陈冬华等(2005)、陈信元等(2009)、徐细雄和刘星(2013)从薪酬管制的角度研究了企业高管犯罪问题,结果表明,薪酬管制与企业高管犯罪的发生显著正相关,同时也会促使高管进行更高的在职消费,而市场化改革则有利于缓解这一现象。

(3)制度安排方面。

张蕊和陈剑洪(2013)研究认为,国有企业的产权主体模糊、国企高管的任命制及任期长、会计手法的掩护促使高管侵占型职务犯罪频繁发生。王克敏和吕长江(2001)研究认为,中国特色的企业控制权安排是国有企业高管犯罪的主要根源。周俊生(2005)研究认为,由于企业内部缺乏权力制衡机制,这样就很容易造成高管权力的过度集中,为高管实施犯罪活动提供了条件。马志娟和陈宝敏(2007)研究认为,企业内部审计监控体系的构造不合理所带来的内部审计独立性缺失、高管行为短期化以及忠诚感缺失是高管犯罪的主要原因。金泽刚和于鹏(2009)从法律制度安排方面研究高管职务犯罪的原因,研究认为,诱使高管犯罪的主要成因是高管犯罪案件的查处、移送缺乏具体标准,经济犯罪圈入罪门槛偏高,刑罚设置不尽合理,司法裁量失当等。

2.1.2 高管职务犯罪的治理

张蕊(2011、2012)研究认为,只有科学的企业高管人员选聘机制、合理的薪酬与激励制度、有效的企业内部权力制衡机制及内部控制制度才能有效地防范企业高管侵占型职务犯罪发生。吴林祥（2008）研究认为，应该从高管行为准则、股权激励合规性监管、处罚体系、会计架构和财务舞弊责任制度四个方面对高管犯罪行为进行监管。马志娟和陈宝敏（2007）研究认为，有力的审计监督和适当的股票期权激励双管齐下，是有效防范企业高管犯罪的关键举措，具体来说就是改造内部审计流程、建立健全审计委员会制度、加大经济责任审计的强度和密度、实施股票期权激励以促使高管行为长期化。王辉（2002）研究认为，预防企业高管职务犯罪应该从以下五个方面着手：建立科学的职责分工制度从源头遏制职务犯罪，完善财务制度阻却职务犯罪，强化内部审计制度监督及时发现犯罪，健全保管保卫制度减少职务犯罪的机会，严格制定和履行审批制度以防范职务犯罪。金泽刚和于鹏（2009、2010）从法律制度安排的角度研究认为，只有进一步明确企业高管职务犯罪案件查处、移送的标准，规范刑事司法与行政执法的衔接机制，修改完善相关罪名和法定刑，在刑罚体系中增设资格刑才能对高管职务犯罪有效地加以应对。李若山和祁新娥（2002）、Wu（2005）、Zarb（2011）从会计的角度分析了高管职务犯罪的治理问题，研究认为，有效防范高管职务犯罪的主要措施是建立有效的内部控制、内部审计制度和独立审计制度，提升企业会计准则执行力度，严格规范企业财务运行过程，提高企业财务信息透明度。

2.1.3 高管职务犯罪的经济后果

当前直接研究高管职务犯罪的经济后果的文献还比较少见，只有一部分文献研究了企业向政府官员、供应商或者客户提供贿赂、回扣、佣金和招待等腐败和寻租活动所产生的经济后果，但是也未取得一致的研究结论。

一种观点认为，企业的腐败和寻租活动会给企业带来不利的经济后果。例如，Fisman 和 Svensson（2007）、De Rosa 等（2010）研究认为，企业的腐败活动会阻碍企业的成长。Huang 和 Snell（2003）、Xuan（2009）研究发现，企业高管的寻租活动不仅会对企业内部资本配置效率产生破坏作用，而且会降低对外投资效率。Murphy 等（1993）研究表明，由于寻租腐败活动具有报酬递增的特性，会导致优秀的人才或企业热衷于寻租腐败活动，而非研发创新。Morck 等（1990）研究认为，企业高管在进行并购决策时会考虑其个人可以从中获得的利益，当并购行为能够给高管个人带来很大利益时，高管极有可能牺牲企业价值来进行并购活动。Goktan 等（2013）研究表明，企业高管的显性腐败不仅会使企业更容易成为被收购的对象，也会导致企业逐渐走向破产清算。胡军和郭峰（2013）研究发现，企业高管寻租活动越猖獗和腐败程度越高，则该地区的市场分割现象就越严重。

另一种观点认为，企业的腐败和寻租活动能够给企业带来有利的经济后果。李捷瑜和黄宇丰（2010）、Wang 和 You（2012）研究发现，企业的腐败活动与企业成长之间存在显著的正向关系，其原因在于，企业腐败能够帮助企业获得更多的稀缺资源来促进企业成长。黄玖立和李坤望（2013）、Cen 等（2013）、Hellman 等（2003）、Bailey（1966）研究发现，企业腐败支出越多，企业获得的政府订单和国有企业订单也越多，获得银行商业贷款的概率越大和金额越高，获得政府审批的速度也越快。刘锦和王学军（2014）研究发现，企业的寻租活动显著提高了其研发投入。值得一提的是，上述的研究都是基于外部制度环境不利于企业发展这一前提之下的。Meon 和 Weill（2010）考察了不同外部制度环境下企业腐败与其增长之间的关系，研究认为，企业腐败活动对其增长有害，但是在制度缺乏效率的国家中，企业腐败反而能够促进其增长。徐雷和王乐（2014）研究发现，企业绩效与腐败程度间存在着显著的倒 U 型曲线关系，存在一个对绩效来讲的最优腐败程度，如果企业腐败程度超过这个“度”，随着腐败程度的增加，企业整体绩效水平反而会降低。

2.2 企业价值影响因素的研究

企业价值是管理学、财务学和金融学等学科都十分关注的重要话题，当前对于企业价值的研究非常之多，因此，本研究集中关注有关企业价值影响因素方面的文献，主要从公司治理、资本结构和多元化经营等方面进行综述。

2.2.1 公司治理方面

Bai等（2002）在构建公司治理综合衡量指标的基础上，研究发现公司治理与企业价值之间存在着正相关关系。现代企业的所有权与经营权发生了分离，并且所有者与经营者之间的利益并不一致，遵循这一思路，许多学者具体研究了股权结构与企业价值的关系。Shleifer和Vishny（1986）首先对这一问题进行了研究，他们用理论模型证明了相对集中的股权结构会对企业价值产生正向影响。后来许多学者对这一问题进行了实证检验，并且证实了这一结论，如Hill和Snell（1988）、McConnell和Servaes（1990）、Agrawal和Mandelker（1990）、许小年和王燕（1997）、于东智（2001）、苏武康（2003）、百重恩等（2005）、徐莉萍等（2006）、刘星和刘伟（2007）。而Leech和Leahy（1991）、Burkart等（1997）、Mudambi和Nicosia（1998）、朱红军和汪辉（2004）、陈信元和汪辉（2004）则研究发现，股权集中度与企业价值显著负相关。不同于上述结论，Gedajlovic和Shapiro（1998）、朱武祥和宋勇（2001）研究表明，股权集中度和企业价值之间没有显著的相关关系。后来大多数学者开始认识到两者之间的关系可能并非简单的线性关系，Faccio和Lang（2002）、王斌（2001）、杜莹和刘立国（2002）、吴淑琨（2002）研究发现，股权集中度与企业价值之间是一种倒U型关系，当股权分散时，随着股权集中度的提高，大股东的监督效应会趋于明显，此时企业价值随着股权集中度的提高而增加；而随着股权集中度的进一步增加，由于大股东掏空的“隧道效应”，企业价值会随着股权集中度的上升而下降。

Morck等（1988）研究了管理者持股对企业价值的影响，结果表明，当管理者持股比例很低（小于5%）或是很高（大于25%）时，管理者持股与企业价值显著正相关，而当管理者持股比例处于中等水平时，管理者持股与企业价值呈显著负相关。此后，Wruck（1989）、McConnell和Servaes（1990）、Cho（1998）、Han和Suk（1998）、Holderness等（1999）、Benson和Davidson（2009）、孙永祥和黄祖辉（1999）也都得出了相同的研究结论。Pound（1988）研究了机构投资者持股与企业价值之间的关系，并针对两者关系提出了有效监督假说、利益一致假说和战略同盟假说，他的研究支持了战略同盟假说。而 Brickley 等（1988）研究发现，机构投资者比其他投资者参与公司治理的积极性更大，支持有效监督假说。McConnell 和 Servaes（1990）研究发现企业价值和机构投资者持股水平之间呈显著的正相关关系，符合利益一致假说。

此外还有学者研究了控股股东的控制权和现金流权两权分离对企业价值的影响，研究发现，随着两权分离程度的增加，企业价值会显著下降，并体现出递增的边际效应（Claessens 等，2002；王鹏和周黎安，2006；叶勇和黄雷，2007）。张国林和曾令琪（2005）、夏立军和方铁强（2005）、徐向艺和张立达（2008）研究了控股股东性质对企业价值的影响，结果表明，当控股股东为国有股东时，企业价值显著降低；而控股股东为一般法人时，企业价值显著增加。Wei 等（2005）研究发现，虽然国家股和法人股都与企业价值呈显著负相关，但是呈现出一种非线性、正 U 型关系；而外资股则与企业价值显著正相关。Baysinger 和 Butler（1985）、Brickley 等（1994）、王跃堂等（2006）、赵昌文等（2008）、韩忠雪等（2009）研究了企业董事会中独立董事对于企业价值的影响，结果表明，董事会中独立董事的比例与企业价值正相关。

2.2.2 资本结构方面

公司财务学一直以来均是通过分析资本结构与企业价值的关系来评价资本结构的优劣，形成了许多资本结构理论，其中最著名的就是 Modigliani 和 Miller（1958）提出的 MM 理论。MM 理论认为，资本结构与企业价值无关，但是 MM 理论是基于一系列的假设得出的，与企业现实状况存在较大差异。在其后几十年，更多学者从动态的角度继续关注了资本结构变化与企业价值之间的关系。Jensen 和 Meckling（1976）研究认为，债务融资可以抑制企业经理的个人价值目标，起到减少代理成本的作用，从而提高了企业的经营绩效和市场价值。Ross（1977）、Leland 和 Pyle（1977）、Heinkel（1982）研究认为，一个预期外的债务融资事件向市场表明，管理者对企业未来盈利前景预期很好，因而会带来企业价值的增加。Galai 和 Masulis（1976）、DeAngelo 和 Masulis（1980）、Masulis（1983）研究认为，由于负债本身存在的税盾效应，负债的增加有利于企业价值的提升。Brennan 和 Schwartz（1978）、Flannery（1986）、Kale 和 Noe（1990）考察了债务期限结构对企业价值的影响，结果表明，短期负债不仅具有更大的监督控制效应，而且还可以起到定期评估的作用。因此，短期负债能够降低企业的代理成本和债权人的监督成本，对企业价值有正向的影响。陈晓和单鑫（1999）、汪辉（2003）基于中国上市公司的研究表明，由于债务融资的成本较低，中国企业资本结构与企业价值之间呈显著正相关关系。不同于上述结论，Rajan 和 Zingales（1995）、肖作平（2003）、李宝仁和张院（2010）研究发现，企业负债比率与企业价值呈负相关。除了债务融资以外，股票发行也是另一个影响企业资本结构的重要事项。Bierman 和 West（1968）、Elton 和 Gruber（1968）研究了股份发行对企业价值的影响，发现股票的公开发行有利于企业价值提升。Bayless 和 Chaplinsky（1991）、陆珩瑱和吕睿（2012）考察了债务融资和股票发行对于企业价值的综合影响，结果表明，负债率高的企业，由于风险等级高，不容易进入信贷市场，只有借助于发行股票融资，因此，负债率高的企业发行股票时的企业价值下降幅度大于负债率低的企业发行股票时的企业价值下降幅度。

2.2.3 多元化经营方面

多元化经营能否创造价值这一问题自 Rumelt（1974）的开创性研究以来，虽然许多学者持续关注了这一问题，但是一直没有取得一致的研究结论。多数的研究者认为，多元化经营会导致企业价值的降低。Kaplan 和 Weisbach（1992）、Lang 和 Stulz（1994）、Lins 和 Servaes（1999、2003）直接研究了多元化经营与企业价值之间的关系，结果发现两者呈显著的负相关关系。Jensen（1986）、Stulz（1990）等、Meyer 等（1992）、Rajan 等（2000）研究认为，多元化经营减少了不完善的外部资本市场对企业所施加的约束，造成企业高管滥用自由现金流和投资效率的下降，最终带来企业价值的降低。另有一部分学者研究则认为，多元化经营能够提高企业内部配置资源的效率（Weston，1970），能够获得更好的外部融资条款（Lewellen，1971），能够降低管理成本（Chandler，1977），能够降低企业收益的波动程度（姜付秀等，2006）和总的资本成本（姜付秀和陆正飞，2006），最终能够有效提升企业价值。不同于上述研究，有的学者认为多元化经营与企业价值不存在显著关系（Graham 等，2002；Campa 等，2002；刘力，1997）。进一步地，Mansi 和 Reeb（2002）研究发现，多元化经营会减少股东价值并增加债权人价值，从整体上来说多元化经营与企业价值无显著性相关。在分析上述结论不一致的原因时，艾健明和柯大钢（2005）、金晓斌等（2002）认为，多元化经营是中性的，因此它对于企业价值的影响并不是绝对的，这取决于企业的特性和多元化的模式。

2.3 国内外研究现状分析

从上述对国内外研究现状的梳理可以看出，一方面，虽然当前文献从产生原因、治理对策和经济后果三个方面对高管职务犯罪问题进行了大量研究，但是专门针对高管侵占型职务犯罪机理的研究还比较少。另外，尽管当前已经有些文献研究了高管职务犯罪的经济后果，但是均是从企业向政府官员、供应商或者客户提供贿赂、回扣、佣金和招待等角度来定义高管职务犯罪的，而没有研究高管通过“出租”自己手中的权力以谋取私利这一侵占型职务犯罪会给企业带来什么经济后果。另一方面，现有文献主要从公司治理、资本结构和多元化经营等方面研究了企业价值的影响因素，这三个方面均是从企业层面的制度安排和经营管理等方面着手，而缺乏对个人层面的企业高管行为的关注。本研究在理论分析的基础上，运用中国上市公司经验数据检验企业高管侵占型职务犯罪对企业价值的影响，以及机构投资者持股比例对这一影响的调节作用，从而为深入认识企业高管侵占型职务犯罪的经济后果和企业价值的影响因素提供一个新的视角和经验证据。

第 3 章　高管侵占型职务犯罪概述

3.1　企业高管职务犯罪的概念

3.1.1　高管的界定

企业高级管理人员通常指对企业决策、经营、管理负有领导职责的人员。国外，一般将企业高管的范围界定在：从首席执行官到高级副总裁层次的高级管理人员，包括首席执行官、总裁、首席运营官、首席财务官等。我国《上市公司章程指引（2006 年修订）》中将高级管理人员定位于董事、监事、经理和其他高级管理人员，其中，其他高级管理人员是指公司的副经理、董事会秘书、财务负责人。同时指出，公司可以根据实际情况，在章程中确定属于公司高级管理人员的人员。我国于 2002 年发布的《上市公司治理准则》中将公司的高级管理人员定位为董事、监事、经理等。在 2007 年发布的《企业内部控制规范——基本规范》（征求意见稿）中，将企业的高级管理人员界定在“董事长、董事会成员、经理、副经理、总会计师等”。总之，从国内外有关法规的定义中可以看出：企业的高级管理人员包括董事、监事、经理、总会计师、董事会秘书、财务负责人等。

3.1.2　高管职务犯罪的概念及其类型划分

（1）高管职务犯罪的概念。

所谓高管职务犯罪是指高管利用职务上的便利，违反《公司法》《证券法》及其他经济管理法律法规，损害公司或企业利益，并应受刑法处罚的犯罪行为。根据《刑法》的规定，涉及企业高管职务犯罪的主要罪名有贪污罪、受贿罪、挪用公款罪、私分国有资产罪、滥用职权罪、玩忽职守罪、徇私舞弊罪等。

（2）高管职务犯罪的类型划分。

高管职务犯罪可以划分为三种类型：侵占型职务犯罪、滥用型职务犯罪及失职型职务犯罪。其中，滥用型职务犯罪，是指无视法律，公然违背职务，为公司或企业谋取不正当的利益，并应受刑法处罚的犯罪行为。这种职务犯罪主要是为了公司或企业的利益，其典型特征即为明知不可为而公然为之的行为和意志特征。从《公司法》的角度来审视，属于公司人格的滥用，类似公司犯罪，即为了公司的利益，滥用公司权力的犯罪。失职型职务犯罪，是指公司或企业高管严重不负责任的行为，即不履行或不正确履行高管的基本职责，从而给企业造成巨大经济损失，并应受到刑法处罚的犯罪行为。这种职务犯罪的典型特征是高管未尽应有的最基本职业谨慎而发生的失职行为，如失职被欺骗等，也即高管未尽应有的谨慎合理关注义务，一般为非故意的。

3.1.3 高管侵占型职务犯罪及其本质

高管侵占型职务犯罪，即高管为追求个人经济利益，利用职务上的便利，通过贪污、受贿、挪用和侵占等方法中饱私囊，危害企业利益，应受刑法处罚的犯罪行为。这种职务犯罪，从法律角度来看，是对法定职务的故意不正确行使，是利用手中的权力或职务之便直接或指使他人进行的一种假公济私、化公为私的对公司或企业财产进行掠夺的行为。可见，这种侵占型职务犯罪与滥用型职务犯罪和失职型职务犯罪的区别在于，这种职务犯罪是高管为个人的私利而故意施行的一种经济犯罪行为。

侵占型职务犯罪的类型包括贪污、挪用公款、职务侵占和受贿等。

贪污主要是指国企高管利用职务上的便利，侵吞、窃取、骗取或者以其他手段非法占有公共财物的行为。其中，侵吞是指高管将自己管理或经手的公共财物非法转归自己所有，如将自己管理或经手的公共财物加以隐匿、扣留，如应上交的不上交，应支付的不支付，应入账的不入账等。窃取，是指高管利用职务的便利，采取秘密的方式，将自己管理的公共财务非法占有的行为。骗取是指利用职务之便，采取虚构事实或隐瞒真相的方法，非法占有企业财物的行为，如运用做假账、涂改或伪造单据的方法多报或冒领或转移资金等方式骗取公款等。

挪用公款主要是指高管人员利用手中的权力，挪用公款为个人使用，进行非法活动；或挪用公款数额较大，进行营利活动；或挪用数额较大，超过3个月未还的行为。

职务侵占是指公司高管人员利用职务上的便利，将本单位财物非法占为己有，且数额较大的行为。这类侵占型职务犯罪主要特点是必须有侵占的行为，且数额较大。这是职务侵占区别于贪污的主要标准。

受贿是指行为人利用职务上的便利，索取他人财物，或者非法收受他人财物，为他人谋取利益。受贿的行为方式主要有两种：一是索贿，即向他人索取财物；二是收受贿赂，即行为人非法收受他人财物，并为他人谋取利益。受贿罪还包括两种表现形式：收受回扣、手续费及斡旋受贿。

总之，无论是贪污、挪用、侵占财物，还是受贿，均构成了侵占型职务犯罪，都应受到刑法的制裁。

侵占型职务犯罪是高管为了谋求个人利益而故意实施的职务犯罪活动，是一种典型的“寻租型”犯罪活动，而滥用型和失职型职务犯罪更多情况下是高管的一种非自利或者非故意的犯罪活动。因此，对于高管侵占型职务犯罪的研究更能够清晰地探明高管在个人私欲的驱使下如何在个人利益、企业利益和社会利益之间选择和权衡问题，以及这种选择会对企业和社会带来什么样的危害。鉴于此，本研究主要关注企业高管侵占型职务犯罪这一现象，以及这一现象所带来的经济后果。

3.2 基于国企高管的侵占型职务犯罪特征分析

正如前述，在以国有企业为国家主要经济成分的中国，研究国企高管侵占型职务犯罪问题，对于推进反腐工作，深化国企改革，完善政府治理具有重大意义。本研究基于中国国企高管犯罪信息分别从统计和会计视角分析了国企的职务犯罪。

3.2.1 基于统计数据的特征分析

笔者通过百度网输入“高管犯罪”“高管腐败”“高管贪污”“高管挪用”“高管双规”“高管被调查”等关键词，手工搜集整理了国企高管犯罪信息，并在整理统计的基础上总结出国企高管侵占型职务犯罪的特征。

第一，国企高管侵占型职务犯罪的涉案率最高。由表3-1可知：侵占型职务犯罪是国企高管职务犯罪中数量最多、占比最大（86.07%）、涉案频率最高的一类职务犯罪，是国企高管职务犯罪的最主要形式。

表3-1　1990~2018年国企高管职务犯罪罪名分布　单位：家

序号	罪名	涉案公司数量
1	受贿罪［非国家工作人员受贿罪（共犯）］	744
2	职务侵占	51
3	挪用资金罪	43
4	贪污罪	478
5	挪用公款罪	224
6	私分国有资产罪	80
7	巨额财产来源不明罪	30
8	非法吸收公众存款罪	12
9	各类诈骗类罪	61
10	虚开增值税专用发票罪	15
11	各类行贿罪（行贿罪，对非国家工作人员行贿罪，对单位行贿罪，对有影响力的人行贿罪）	41
12	单位行贿罪	22
13	走私罪（走私普通货物、物品罪），走私国家禁止进出口的货物、物品罪，走私废物罪	6
14	非法经营罪、违反经营管理类罪	13
15	侵犯知识产权（假冒注册商标罪、销售假冒注册商标的商品罪、非法制造销售非法制造的注册商标标识罪，侵犯著作权罪、侵犯商业秘密罪）	
16	生产销售伪劣商品罪、销售假药罪，生产、销售有毒、有害食品罪	

续表

序号	罪名	涉案公司数量
17	非法占用农用地罪	
18	偷税罪、逃税罪	3
19	虚报注册资本罪、虚假出资罪、抽逃出资罪	
20	串通投标罪	
21	伪造公司企业印章罪、伪造国家机关证件罪	5
22	滥用职权罪和国有公司企业事业单位人员滥用职权罪	35
23	内幕交易罪、利用未公开信息交易罪、泄露内幕信息罪	14
24	销售假冒注册商标的商品罪、生产、销售伪劣产品罪	4
25	隐匿、故意销毁会计凭证、会计账簿、财务会计报告罪	2
26	单位受贿罪	11
27	强迫交易罪	
28	制造、提供虚假财务报告罪，不披露、违规披露重要信息罪	2
29	介绍贿赂罪	
30	擅自发行股票、公司、企业债券罪	
31	隐瞒境外存款罪	3
32	违法发放贷款罪	1
33	拒不支付劳动报酬罪，挪用支付劳动报酬罪	
34	重大责任事故罪	11
35	污染环境罪	
36	国有公司、企事业单位人员失职罪	13
37	妨害公务罪/妨碍司法活动	
38	故意泄露国家秘密罪	
39	滥用职权罪	
40	玩忽职守罪	1
	合计	1925

注：其中1、2、3、4、5、6、7项构成侵占型职务犯罪。

数据来源：笔者运用百度网（www. baidu. com）搜索引擎手工搜集整理。

第二，国企高管侵占型职务犯罪呈现频发之势。由表3－2可知，1990～2018年，国企高管侵占型职务犯罪占比平均每年均高于81%。

表 3-2　　1990~2018 年国企高管侵占型职务犯罪占比

年份	国企高管侵占型职务犯罪数（件）	国企高管职务犯罪数（件）	国企高管侵占型职务犯罪数/国企高管职务犯罪数
1990~2008	132	162	81.48%
2009	52	60	86.67%
2010	53	58	91.38%
2011	95	105	90.48%
2012	84	101	83.17%
2013	129	142	90.85%
2014	96	113	84.96%
2015	197	215	91.63%
2016	242	281	86.12%
2017	299	368	81.25%
2018	271	320	84.69%
合计	1650	1925	86.07%

数据来源：笔者运用百度网（www.baidu.com）搜索引擎手工搜集整理。

第三，案发滞后，潜伏期较长。由于涉案的是企业高管人员，他们通过利用其信息的优势与手中的权力，使得作案手法更为隐蔽而不易被发现，因此，潜伏期比较长，少则一两年，长则四五年，甚至十几年。就已收集的案件来看，近 80% 的案件潜伏期都在 10 年以上。

第四，多人合谋共同犯罪。从收集到的案件来看，多人合谋、共同犯罪这一特点较为突出。由于高管各种形式的职务犯罪，其过程非常复杂，涉及以各种方式中转资金，通过多重环节使资金最终置于作案人实际控制之下，最后达到侵吞的目的。这种多环节的处理，一个人是难以完成的，如云铜腐败案就涉及违法人员 70 余人①。比较典型的还有“厦门市集美区农资公司案”，公司自上而下所有人员均涉案，全军覆没。涉案人员集体化、团伙化是国企腐败案的一个重要特征②。

① 云南铜业腐败窝案 70 余人被查，大众网 http://www.dzwww.com/xinwen/guoneixinwen/200904/t20090425_4531498.htm，2020 年 5 月 28 日。

② 夏季轩：《一家基层国企“全军覆没”的背后——厦门市集美区农资公司窝案剖析》，厦门网 http://news.xmnn.cn/xmnn/2018/10/25/100444838.shtml，2020 年 5 月 28 日。

第五，涉案金额巨大。少则数千万元，多则上亿元，甚至几亿元。2011年，根据59例涉及国企高管侵占型职务犯罪的判决，确认的存在贪污、受贿、职务侵占、私分国有资产等贪腐案件中，贪腐总额达19.9468亿元，每案平均贪腐高达3380.82万元（王荣利）。内蒙古银行原董事长杨成林受贿3.07亿元，贪污628万元，挪用公款2.92亿元①。

3.2.2 基于会计视角的特征分析

所有的经济犯罪离不开会计方法的掩护，就犯罪嫌疑人而言，要想使其侵吞性的经济犯罪不被旁人发现，就必须以内幕交易、关联交易等为掩护，通过巧立明目，做平会计账目，使人无法察觉。因此，借助会计手法，如通过虚增工程、虚开发票，对财务成果进行连年的追溯调整，或进行重大会计差错的更正等，成为侵占型职务犯罪的重要掩护手段和手法。就我们所收集的侵占型职务犯罪的案件来看，无一不是利用会计手法作为重要的贪污手法，且金额巨大。

与企业或公司的一般职员的职务侵占罪相比，企业高管侵占型职务犯罪通常是“巧妙”地运用会计方法与手段，更具隐蔽性，不易被发现。企业一般职员的职务侵占无非是利用自己从事某项业务的便利直接进行贷款截留，或通过伪造、涂改单据、账目等，直接将企业的财物占为已有，手段并不高明，通过查账、核对等方法可以立即发现。而企业的高管却不同，由于他们处于信息的优势方，深知企业的流程与管理的“真空地带”或纰漏，且具丰富的管理经验，因此，许多侵占型职务犯罪是在形似合理、合法的业务往来中悄然进行着（张蕊，2010），如通过股权的买卖、证券的交易、对外投资、解决债权债务的关系等等，几经转辗，最终达到化公为私、侵占企业财物的目的。同时，利用财产的重估价、投资失利或坏账损失等方法进行账面处理，达到平账的目的。这样，使整个犯罪在会计凭证及账面上很难察觉。企业高管人员的特殊身份及管理上的经验在这种情形下就成了其进行侵占型职务犯罪的保护伞。

① 程婕：“内蒙古银行原董事长杨成林被判死缓”，《北京青年报》，2018年12月22日第A10版。

通过调查与分析，企业高管侵占型职务犯罪常用的手法主要体现在以下几个方面：

第一，利用内幕交易、关联交易进行贪污与挪用。这种手段主要是指企业高管假借投资、收购、销售等活动，在其绝对控制的实体间进行内幕交易和关联交易，进行贪污、挪用，巧取企业财物。如原云铜副总经理、总会师兼董事会秘书的陈少飞与郑汝昌（私营老板）合谋成立云南昌立明经贸有限公司（简称昌立明）参与了云铜股份的定向增发。他们运用昌立明与云铜开展贸易融资的方式，由云铜开出商业承兑汇票后，昌立明将票据贴现，挪出云铜大量资金，转而用于申购云铜定向增发的股票。通过挪用公款购买云铜股票及投资，昌立明获得巨额利润 5.7 亿元[①]。又如原金正数码董事长万平利用其身为天龙集团董事、总经理，运用支付大额预付款的方式，擅自将天龙集团东莞分公司 2700 万元资金非法挪用给广东金正公司使用[②]。原达尔曼董事长许宗林指使公司财务人员先后从控股的几家公司，以“贷款”往来名义将资金转往深圳、珠海几家公司，共计人民币 4.83 亿余元，最终侵占 1.49 亿元[③]。

第二，运用做假账的方式，贪污、挪用、侵吞企业的资金。利用存货、应收应付款、销售、投资等账户作为“蓄水池”，根据需要虚增或少列等手法达到侵吞企业或公司资金的目的是高管进行贪污、挪用的常用会计手法。如健力宝前董事长张海等人利用手中的权力，将当时健力宝集团将近 2 亿元资金以广告策划和材料订金的名义划归到广州浩讯广告公司和广州时代精英策划有限公司，而这两个公司却没有履行其为健力宝进行广告策划的业务，却以购买健力宝罐装饮料方式冲销部分款项，并将虚增库存商品分多次结转到健力宝集团产品销售成本，以做假账、虚增库存、虚增销售等方式挪用、抽走、转移、侵吞健力宝资金[④]。

第三，利用虚开增值税发票的手法贪污、侵吞国有资产。如格力集团

---

① 云南铜业腐败窝案 70 余人被查，大众网，http：//www.dzwww.com/xinwen/guoneixinwen/200904/t20090425_4531498.htm，2020 年 5 月 28 日。

② 陈晔：《金正数码董事长万平 14 日受审　两项罪名扑朔迷离》，大众网，http：//www.dzwww.com/caijing/cjsl/t20050417_1034544.htm，2020 年 5 月 28 日。

③ 令伟家：《西安达尔曼原董事长被处永久性市场禁入》，中国法院网，https：//www.chinacourt.org/article/detail/2005/02/id/150673.shtml，2020 年 5 月 28 日。

④ 苏曼丽：“健力宝账务陷迷局　三水与张海谁能拯救健力宝?”，《新京报》，2005 年第 1 期。

子公司凌达压缩机原法人代表、董事长兼总经理高国平从1999年12月至2002年4月，通过虚开增值税发票和运费发票报账以及采取虚假退货等手法，侵吞国有凌达公司的公款达5492万元①。又如鄂绒下属子公司深圳市鄂尔多斯实业有限公司的副总经理王加顺从2003年5月至2004年2月虚开增值税专用发票698份，涉案金额达7000余万元，骗取出口退税近3000万元②。

第四，运用虚增工程量或恶意抬高价格等方式贪污挪用公款。如原云铜集团副总经理利用职务的便利，故意违反云铜集团内贸铜精矿价格管理规定，恶意提高收购价格，以增加成本的交易方式骗取云铜股份货款41251584元，原云铜房地产公司总经理及鸿泰公司副总经理汪建伟，代表云铜房地产公司与承揽方景观公司签订、履行“时代风华”二期景观绿化工程中，私自以云铜房地产公司投资其他项目需要经费为由，与景观公司总经理范雁宇协商后，以虚增工程量的手段，套取云铜房地产公司工程款500万元，并之后用于个人别墅的购买③。

第五，利用内部控制的缺陷进行索贿、受贿。大量的涉及企业高管索贿、受贿的职务犯罪案件显示出这类犯罪的特点是，高管利用其特殊的地位与身份以及单位内部控制的不健全或缺陷，如大项目的审批缺乏必要的牵制控制，而由一人签字等，为其他单位或个人提供做大项目，包括提供巨额的贷款、支付大额预付款、提供业务承接的便利等，为行贿方牟取利益，并以此进行大肆的索贿与受贿。如原首都机场集团公司董事长、总经理李培英，原中国驻骑集团董事长、总经理张家岭，原中国石油化工集团公司总经理、中国石油化工股份有限公司董事长陈国海，原海南省国资委副主任王俊武等都是利用职务上的便利和内控的不健全，为他人牟取利益，收受巨额钱款（王荣利，2010）。

① 徐智慧：《珠海凌达公司原董事长贪污5492万被判无期徒刑》，新浪网，http：//news.sina.com.cn/o/2005-10-19/10247207980s.shtml，2020年5月29日。

② 何涛：“深圳揪出骗税‘大鳄’7名涉嫌人员被捕”，《广州日报》，2005年第1期。

③ 熊波：《云铜原董事长被判无期 听判后向法官微笑鞠躬》，http：//news.sina.com.cn/c/2008-12-30/010616943647.shtml，2020年5月28日。

第4章 企业高管侵占型职务犯罪的机理分析

4.1 基于经济学理论的分析

4.1.1 基于委托—代理理论的分析

(1) 两权分离条件下经营者财产经营责任约束的疲软。

从委托—代理理论视角分析：与业主制相比较，两权分离条件下的公司制，尤其是股份有限公司的企业组织形式，使得所有者对企业的约束弱化。这是因为由多个所有者投资形成的公司制企业（有限责任公司或股份有限公司）是一个独立的法人，在法律上它具有独立的民事权利，独立地承担民事责任，出资者不能任意支配、控制企业的经营活动，而只有通过法人治理结构来进行经营者的选择，并通过经营者，实施对企业的管理行为。在选定的经营者实施企业经营管理过程中，投资者，即股东只能通过"用脚踢票"（出让所有权）的方式来影响企业的运营并对经营者进行评价。可见，在两权分离的条件下，所有者只能通过"用手投票"（选择董事）和"用脚踢票"的间接方式影响企业的经营管理。在这种情形下，所有者对企业的约束不像业主制下直接进行经营管理那样硬化。

这时，委托—代理关系下的"道德风险"问题就产生了。作为经济人的经营者有其自身的利益，这种利益与所有者的利益不尽一致，即所有者利益最大化不一定会产生经营者利益的最大化。当所有者目标与经营者目标不一致时，经营者就有可能因追求自身利益最大化而采取损害所有者利益的行为。这种行为的极端化就是经营者（公司高管人员）利用职务之便，通过贪污挪用等手法，大肆侵占公司财物的职务犯罪。这种可能的行为在信息不对称的条件下得以实现。

（2）薪酬与激励机制的不合理、不科学。

从薪酬与激励机制角度来分析：现代公司制企业的委托—代理关系是一种利益关系，委托方要事先确定一套包括报酬（工资）物质待遇及权力配置的激励机制安排，以激励代理人尽心尽责，努力实现委托人利益最大化目标。代理问题解决的关键在于激励机制的安排能否实现双方利益的“共赢”，而利益共赢的标志就是经营者所创造的价值与报酬相适应。如果企业高管的薪酬设计能充分体现其为股东所创造的价值，也即将高管的报酬与企业的经营业绩挂钩，则能很好地激励高管勤勉工作，主动抵制侵占型职务犯罪。如果这种报酬与激励机制的设置不合理、不科学，不能充分反映企业高管对股东财富的保值与增值的贡献，对经营者的激励程度过小，就会使双方的利益失衡，可能导致企业高管利用其职务的便利侵占企业的财物，最终使所有者利益受损。我国原红塔山集团董事长褚时健一案，就是典型的由于激励机制设置得不合理而诱发的企业高管侵占型职务犯罪，同时也给国家造成了巨大的经济损失。

可见，科学合理的薪酬与激励制度与机制是有效防范企业高管侵占型职务犯罪的制度安排。倘若这套制度与机制不合理，如激励程度过小，为弥补报酬与激励的不足，从而达到心理平衡，企业高管侵占型职务犯罪就有可能会发生。因此，报酬激励的严重不足将成为企业高管侵占型职务犯罪的重要诱因。

4.1.2　基于寻租理论的分析

所谓“租”，又称“经济租”，是指某生产要素所有者所获得的收入中，超过此要素的机会成本的剩余，人们不断地寻求“经济租”的过程称之为寻租。高管侵占型职务犯罪的本质就是一种权力的寻租行为。作为企业投资者的代理人，高管拥有企业资源的支配权力，作为经济人，高管在运用权力的过程中会追求自身利益最大化，就像囤积居奇的商人一般，把手中的权力作为一种可以兑换金钱或利益的商品，等待着寻求权力的人来“寻租”，以获得自身控制权的私利。经营者经营责任约束的疲软或所有者“缺位”，信息的不对称为高管的权力寻租提供了机会和空间，如果高管存在严重的道德风险问题，则侵占型职务犯罪将不可避免地发生。

4.1.3 基于契约理论的分析

从契约理论的角度分析：企业是一系列契约的联结，这些契约方为了维护自身的利益，必然要事先订立具体的保护性契约条款，如投资者或股东与经营者或董事及经理们之间必定会订立各种契约条款，以达到维护各方利益的目的。然而，受有限理性、外在环境的复杂性与不确定性以及信息不对称的影响，人们的认识是有局限性的，这也就决定了契约不可能穷尽所有事项，即契约是不完备的。随着经济与技术的发展，契约尚未涉及的“剩余空间”不断地被认知和发现并被管理者所掌握和控制，在契约尚未作修改与完善之前，企业的高管完全有可能利用信息的优势，仅追求自身效益的最大化。当企业高管存在败德，且违反相关规定所获得的自身利益足够大时，这种可能性便转化成了实际的行动。

可见，契约条款内的约定受所有者约束疲软、薪酬激励不合理、信息不对称及经济人等因素的影响，使高管有可能利用手中的资源支配权力进行寻租；契约条款外的事项，就更有可能利用控制权进行寻租，从而诱发高管侵占型职务犯罪。

4.1.4 基于经理人市场理论的分析

从经理人市场理论来分析：投资者或股东主要是通过经理人市场来选择企业的经营管理者。通过经理人市场内在机制作用的有效发挥，可以合理地决定经理人的人力资本价格，即它使经理人员的能力和道德水平通过产品市场和资本市场反映出来的企业价值转化为经理人市场的人力资本的价值。经理人市场的存在不仅为经理人员流动和择业提供了条件，更重要的是它提供了一种公开、公平、公正的竞争机制，促使经理人员注重自身能力的提高、业绩的提高和道德水平的提高。

合理选择企业高级管理人员有赖于经理人市场机制有效发挥作用。有效的经理人市场应能通过企业的价值反映出经营者的经营能力和道德水平，并在经理人市场上形成特殊的人力资本价值，这种人力资本价值通过所有者或股东对经理人员的选择与聘用得以实现。也即，有效的经理人市场可以科学地体现不同经理人的人力资本价值，从而引导经理人才资源的合理流向。

经理人市场机制的有效作用的一个重要前提就是市场能够如实传递关于经理人自身能力及履职状况的信息。然而，因信息的不对称导致的“逆向选择”不可避免，就使得通过经理人市场选择优秀的或合适的经理人员这一机制的作用具有一定的局限性，因此，也就不可能对企业高管的败德行为和职务犯罪，包括侵占型职务犯罪起到很好的扼制作用。但是，一般而言，资本市场较为发达与有效的国家，其经理人市场也较为完善，作用也比较明显，可以对企业高管的败德行为和职务犯罪起到较好的扼制作用。

从我国的现实来看，国营企业的经营者或董事长、总经理等高管实行的是任命制，而不是通过经理人市场进行选择与聘用，即便是民营企业高管的选择也主要是考虑家族利益的平衡，很少从经理人市场选聘。这种企业高管的任命制会导致以下两个问题：一是由于大量的董事长与总经理不是通过经理人市场而是通过任命产生，这必定会影响经理人市场的形成，也即经理人市场上无法形成合理的人力资本价值；二是董事长与总经理的聘任不是也不可能以经理人市场人力资本价值为依据，也即不以经营者的综合能力，包括经营水平和道德水准为主要依据，也就无法对企业高管的败德行为和职务犯罪，包括侵占型职务犯罪产生很好的制约。

总之，经理人市场机制的固有缺陷使得防范企业高管侵占型职务犯罪具有一定的局限性；尚未形成经理人市场条件下的任命制，就更不能很好地防范企业高管侵占型职务犯罪。

4.1.5　基于均衡价格理论的分析

所谓“均衡价格必定是需求量和供应量相等处的价格”（埃德温·曼斯菲尔德，1999）。当产品的供给量大于需求量时，价格趋向于降低；当市场上产品的供给量小于需求量时，价格趋于上升；只有当供给量与需求量相等时价格才会均衡，没有变动的趋势。资本市场统一均衡价格形成的前提是市场的完全竞争。完全竞争包括四个必要的条件：一是厂商的产品之间是无差异的；二是无论是买方还是卖方，其单个力量相对于整个市场是非常弱小以至个人的行为无法影响市场价格；三是市场中所有要素均具有充分的流动性；四是市场中消费者、厂商及要素持有者所掌握的经济、技术信息是充分的。由于没有哪个行业可以完全满足这四个条件，因此只能产生局部均衡价格。应该说，竞争的充分程度越高，价格就趋于均衡。然而，我国属新兴的市场经济国家，是从计划经济演变、过渡而形成，实行市场经济的时间不长，且不完全，还有大量的垄断行业和国有企业的存在。这种状况必然会使某些行业的准入门槛很高，阻止了要素，尤其是行业之间的要素流动，造成市场竞争度较低，产生了大量的垄断价格，如铁路、公路等。垄断价格是一种扭曲的价格，垄断利润也属不正常的超额回报，一些高管却将由于其行业垄断或地域优势产生的垄断利润视为自己经营的结果，利用手中的职权，进行大势掠夺。

4.2 基于舞弊三角理论的分析

“三角理论”是由美国 ACFE 的创始人，原美国会计学会会长，著名美国内部审计专家 W. Steven Albrecht 于 1995 年提出的用于分析欺诈或会计舞弊成因的理论。他认为，欺诈或舞弊的原因由三个要素构成：压力（Pressure）、机会（Opportunity）、借口（Rationalization）。这三个要素形成了欺诈或舞弊的必要条件，即所谓的欺诈“三角理论”。以下将在对“三角理论”进行对比分析的基础上，运用该理论就高管侵占型职务犯罪的成因展开分析，从而为有效治理国企高管侵占型职务犯罪提供依据。

4.2.1 欺诈“三角理论”的比较分析

根据 Albrecht 博士所提出的“三角理论”，构成欺诈或舞弊的第一要素是压力。压力是人们因欲望、需求、需要而产生的一种心理负担。为了释放、缓解这种心理负担，人们往往会采取一定的行动。可见，压力会导致人们的行为动机，压力的具体形式不同，所表现出的动机也就不同。因此，在讨论压力时往往与动机相结合。这种压力一般来自经济的或对财富的追求。“三角理论”中的第二要素是机会。机会是指进行某种行为的适合条件和环境，“三角理论”中的机会是指实施欺诈或舞弊的环境条件，或指能掩盖欺诈或舞弊不被发现或能逃避惩罚的时机，这种机会一般是指缺少或能绕过防止或发现欺诈活动的控制，包括缺乏内部审计、缺乏信息的沟通等等。第三个要素是借口。借口，即某种行为的合理化理由，如“法不责众”等。“三角理论”是借用了物理学的燃烧理论构建的。燃烧之所以能够进行，必须满足三个必要的条件：氧气、燃料和着火点温度。这三个要素缺一不可，只要缺少一个，燃烧就会终止。然而，燃料供应越充足，维持燃烧所需要的氧气就可以越少，所需要的热度就可以越低；供给的氧气越纯，维持同样的燃烧所需要的燃料和热量就越少。同理，对于欺诈与舞弊，如果做案的机会越多，或承受的压力越大，实施欺诈所需要的合理化借口就越少；相反，某人的诚实程度道德水准越低，实施欺诈活动所需的机会与压力就越小。

用于欺诈与舞弊成因解释的理论还有“GONE 理论”“风险因子理论”与“冰山理论”。

“GONE 理论”是由美国著名的审计学者 G. Jack Bologua，Robert J. Lindguist 和 Joseph J. wells 于 1993 年提出的，针对资产侵占这种舞弊行为的成因分析理论。“GONE”由四个英语单词的首字组成。其中“G”为“Greed”，“O”为“Opportunity”，“N”为“Need”，“E”为“Exposure”。这一理论认为：舞弊、欺诈者只要有贪婪之心，且又十分需要钱财时，只要有机会，并认为事后不会被发现，就一定会行欺诈和舞弊之事。“GONE”这一英文单词本身表示“离去的、逝去的、用光的”，为此产生了一种很巧妙的解说，即在贪婪、机会、需要和暴露四因子共同作用的特定环境中，会滋生欺诈或舞弊，促使被欺诈者的钱、物、权益等离他（她）而去。

仔细分析“GONE 理论”的四因子，不难发现，“G”和“N”，即“贪婪”与“需要”实际是一种“压力”，而“E”，则是欺诈与舞弊被发现的可能性大小以及暴露后受惩罚的严重程度，从实质上来说，还属一种“机会”。

“舞弊风险因子理论”是 G. Jack Bologua 等人在“GONE 理论”基础上的发展，他们认为：舞弊风险因子由个别风险因子与一般风险因子构成，而个别风险因子包括道德品质、动机等；一般风险因子主要有舞弊的机会、发现的可能性和发现后受惩罚的性质和程度。与“GONE 理论”相比，个别风险因子中的“道德品质”可归为“G”贪婪因子，“动机”可归为“N”需求因子；一般风险因子中的“舞弊机会”应为“O”，“发现的可能性”与“发现后受惩罚的性质和程度”可归属为“E”暴露因子。实际上就是将“GONE 理论”中的“E”细分为两项。

可见，无论是“GONE 理论”，还是“风险因子理论”，它们都将欺诈与舞弊成因归为两个要素，即压力（动机）与机会。

而“冰山理论”是由 G. 杰克·波罗格纳，罗伯特 J. 林德奎斯特于 1999 年提出的舞弊因子理论。他们把舞弊比喻为海中的一座冰山，露在海平面上的是舞弊的结构考虑因素，是表象特征；海平面下面的则是行为考虑的因素，是根本的原因。冰山理论如图 4－1 所示。

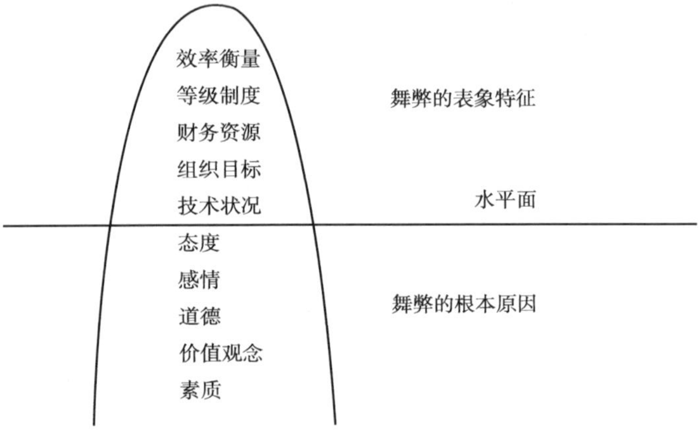

图 4－1　冰山理论图

从本质上来看冰山理论，就是将导致欺诈、舞弊的成因划分为了显性因素和隐性因素。显性因素是指那些看得见的表象因素，包括效率衡量措施、等级制度、财务资源、组织目标和技术状况等。隐性因素是指那些看不见的，最根本、最深层的因素，包括价值观念、态度、素质、道德等。这一理论提醒人们在关注欺诈与舞弊的显性因素时，更要关注隐性因素，因为正是这些隐性的因素构成了舞弊与欺诈的根本原因。

通过对“冰山理论”的仔细分析不难看出：显性因素可综合概括为压力和机会，隐性因素可概括为动机与借口。

由上关于欺诈与舞弊成因各种理论的比较分析来看，“三角理论”相对最为科学与合理，也具代表性。一方面，这一理论建立的依据充分；另一方面，充分体现了其他解释理论的精华，如“GONE 理论”与“风险因子理论”的要素也包括在“三角理论”中，“冰山理论”对隐性因素的重视也在“三角理论”的压力与借口要素中得到了体现。可以说，“三角理论”全面、综合地诠释了欺诈与舞弊的原因，因此，在理论的研究中被广泛运用于各种欺诈与舞弊成因的分析。以下，将以这一理论为指导探讨我国国企高管侵占型职务犯罪的成因。

4.2.2　我国国企高管侵占型职务犯罪的成因分析

（1）感受到的压力。

构成我国国企高管侵占型职务犯罪的压力或行为动机主要是贪婪。

从经济学角度来分析，经济人的一个最主要的特征就是自利的价值取向。从主观上来说，经济人会采取所有有利于自己或使自己目的与欲望能被满足的行动，也即采取能使自己的经济利益不断、快速增长的行为。从客观上来分析，在当今的市场经济中，人们通常以拥有财富的多少来衡量其成功与否，也即一个人财富多少是衡量其是否成功及社会地位高低的一个重要标准，这种社会环境给人们带来了很大的追求财富的压力。当这种主观与客观的压力导致人们不择手段去赚取财富时，贪婪就产生了。从我们现有收集的有关国企高管侵占型职务犯罪的案例来分析，其犯罪的动机绝大多数与这些压力有关，尤其是一些巨贪的高管，贪婪不能不说是导致其受贿、贪污、侵占资产的重要动机。

可见，我国国企高管侵占型职务犯罪的压力是经济人自利的价值取向与市场经济对财富追求的价值观导向的共同作用所产生的一种巨大的欲望——贪婪。

（2）侵占型职务犯罪的机会。

我国国企高管侵占型职务犯罪的机会主要源自对高管财产经营责任约

束的疲软，企业普遍存在崇尚权威的文化氛围、缺少必要的权力制衡机制及内部控制设置得不合理或执行得不到位等问题。

首先，经营者财产经营责任约束弱化是公司制在制度安排上的一个固有缺陷。这是因为，公司制下的两权分离导致信息不对，所有者无法对经营者实施有效的监督，因此，公司制下的企业所有者对经营者履行财产经营与增值的完整责任的约束弱化；相对于私有制下的公司制，公有制下的公司制使得制度安排上的这一固有缺陷更为突出。由于公有经济的所有者是一个集体的概念，没有明确量化到个人，每个人不可能去充分关心边界模糊不清的财产，也即所有者对财产的保值与增值的关心是不充分的，这也是公有制经济制度安排上的缺陷，这种缺陷使得公司制的固有缺陷进一步被放大，所造成的结果就是对经营者财产经营责任约束的疲软。这给国企高管进行侵占型职务犯罪，即贪污、挪用、侵占国有财产提供了方便。

其次，我国是一个拥有几千年封建历史的国家，一些封建文化理念在人们的心中根深蒂固。封建文化思想的一个核心理念就是“权力与地位至高无尚”。崇尚权力与地位，“唯长官意志”的文化氛围在企业中普遍存在。国企的高管处于权力的中心，位高权重，他们的意志与行动鲜有被阻止，也很少有人会主动去检举，有些职员还慑于某些高管的权力而被迫成为犯罪的合谋者。这类事件在所查处的国企高管职务犯罪案件中的比率不小。因此，“崇尚权威、唯长官意志”的这一文化氛围也助长了国企高管的侵占型职务犯罪。

再次，内部缺乏必要的权力制衡机制的国企，为高管侵占型职务犯罪创造了环境条件。国企高管的侵占型职务犯罪的最主要特征就是利用手中的权力以公谋私，导致这一犯罪特征的根本原因就是权力的使用失去了有效的制衡，这是导致国企高管侵占型职务犯罪的最主要因素。缺乏必要的权力制衡主要表现在一些国企的董事长与总经理由一个人担任，董事会成了董事长一人的董事会。企业的决策，名义上是通过了董事会，实际上就是董事长或总经理一人的意志，产生了企业行为个人化的“一人独大”的权力失衡的情形。还有些国企，尽管董事长与总经理分任，但是一两名高管就能左右整个管理层，甚至整个董事会，拥有企业的绝对控制权，产生了十分明显的“内部人控制”的权力失衡情况。这种权力的失衡为高管的贪污、挪用、受贿与财产侵占打开了方便之门。这种权力失衡所导致的结果从本质上来看也是“权力至高无尚”“唯长官意志”文化思想的具体表现。我国近几年所爆出的国企高管侵占型职务犯罪案件的增长之势与权力制衡机制的缺失有着极为密切的关系。

最后，国企内部控制制度的设置不合理或执行得不到位也为高管的侵占型职务犯罪提供了有利的机会。根据有关要求，我国的上市公司，包括国企需要建立并健全一整套的内部控制制度。科学合理的内部控制制度可以有效弥补权力的失衡和防范欺诈、舞弊与职务犯罪，倘如内容控制设置得不合理，即未对关键环节与重要交易设置必要的控制措施，则内控就不能很好地发挥作用。然而，有了科学、合理的内部控制制度，如果执行不到位，同样不能发挥内控的作用。在内控失效或不能很好地发挥作用的情形下，相对于企业的其他的一般管理人员与职员，高管更易发生侵占型职务犯罪。这是因为，高管有着一般职员所没有的得天独厚的条件——信息的优势，加上有权力与地位的掩护，侵占、贪污与挪用可以做得更为隐蔽而不被发现。从已有公布的涉及企业高管侵占型职务犯罪的案件来看，涉案的企业其内部控制一般比较混乱或执行不到位。

(3) 合理化的理由。

这里主要是指国企高管为其侵占型职务犯罪，即利用职权进行受贿、贪污、挪用、侵占资产所寻找的所谓合理化的解释。

有些高管的受贿是以回扣形式作为掩护，悄然地进行着。从已收集到的国企管高侵占型职务犯罪的案件来看，有许多案件是涉及国企高管利用手中的权力，为其他单位和个人提供做大项目的便利，从而收取一定比例的回扣，这种回扣金额巨大。这时，受贿就被这些国企高管用“回扣”这一借口得到了所谓的合理化解释，使“受贿”也发生了性质的改变，认为这是自己应得的，而心安理得地接受着各种形式的“回扣”。

还有些国企高管人员以“借款”的形式或其他借口挪用公款，从爆出的企业高管侵占型职务犯罪的案件中可以看到，有不少的高管人员，凭借着企业的权力与地位，以“借款”的名义大量地挪用企业的公款用于炒股或挪作个人私用。这些人的心理是：“借款”到时会归还的，不算挪用，只是暂借一用而已。更有甚者，将所谓的“借款”长期无条件占用，不予归还。挪用以“借款”的借口得到了所谓的合理化解释。

还有些高管在借用公款炒股血本无归时，便利用各种手段在账面上做文章，自认为做得天衣无缝，企图蒙混过关。这种侥幸的心理是许多犯罪嫌疑人共有的一种自我心理安慰。

我国国企现有的薪酬与激励制度的不合理也成为高管进行侵占型职务犯罪的一个重要借口。有一些企业高管人员在企业的发展中立下了汗马功劳，为地方及国家的财政收入的增加作出了很大的贡献，使自己所在的企业成为交税大户。然而，其所得的薪酬包括奖金，与其所作出的贡献或领导职员创造的财富相比，觉得不匹配，心理不平衡。为了弥补薪酬与激励制度不合理所产生的心理失衡，于是就进行贪污、受贿和挪用，认为所有这些都是自己应得的。

4.3 国企高管的任命制对内部控制作用的抑制

我国的国企高管不是由经理人市场竞聘产生，而是由政府统一指派和任命的，而且任期很长，除非产生了严重的情形，一般不予轮换。这种高管的任命制度的优势在于委托者，即国家的意志与意愿能够及时与高效地被反映、体现与贯彻。然而，这种高管的任命制也存在着以下的局限性：第一，任命制使得所产生的高管的综合能力，包括品行等均未经过经理人市场的检验。这种任命制所产生的国企高管，其对企业的经营与风险管理能力存在一定程度的质疑，对于企业内部控制的合理建立与有效执行可能产生不利影响。第二，企业的文化氛围构成了内部控制要素中内部环境的重要内容。我国的国企普遍存在崇尚权威与“唯长官意志”的文化氛围，这种文化氛围决定了高管的个人综合能力及品行与理念在企业经营中发挥着至关重要的作用。一旦企业高管将这种职务之便运用于侵占型职务犯罪，就可以绕开企业的内部控制制度，指使有关人员合谋犯罪，并且利用信息上的优势使犯罪做到非常隐蔽，从而使得侵占型职务犯罪呈现出团伙化、隐蔽化的特点。第三，任命制下的高管一般任期均较长，且在任期内缺乏有效的内部制约与监督，即便是存在合理的内部控制制度，也被边缘化了。这也就导致侵占型职务犯罪被发现的时间滞后，一般在任期内较难发现。

第5章　企业高管侵占型职务犯罪机理分析的实证检验：高管薪酬差距会诱发侵占型职务犯罪吗？

现代企业所有权和经营权的分离产生了企业所有者与经营者之间的委托—代理关系，而薪酬契约是维系这种关系的核心。由于受到“公平性”和“不患寡而患不均”思想的影响，平均主义薪酬制度曾经在中国企业中盛行，但是近年来，随着中国收入分配体制的改革和市场化的不断深入，平均主义薪酬制度逐渐被打破，企业薪酬差距不断扩大，并由此引发了公众和政府对于社会“不公平”问题的担忧，薪酬差距问题也因此逐渐成为一个备受关注的问题。社会比较理论认为，每一人在评价自己的观点和能力时，由于缺乏真正的评价标准，因此他们一般是通过与他人的比较来进行自我评价。薪酬作为企业高管付出辛勤劳动之后获得的报酬，高管不仅会把个人薪酬与企业普通员工的薪酬水平进行比较，而且会把个人薪酬与其他企业高管的薪酬水平进行比较，以便获得对个人薪酬水平的主观认知和评价。这一认知和评价会直接影响到企业高管的个人行为决策（如是努力工作还是消极怠工、是遵纪守法还是违法犯罪），并进而影响到企业整体的业绩和行为表现。当前许多文献从企业经营绩效、投资行为和信息披露角度验证了上述观点。事实上，高管侵占型职务犯罪作为一种与高管职务有关的违法行为，高管与员工之间的薪酬差距，以及高管与同行业其他企业高管之间的薪酬差距是否会诱发高管实施侵占型职务犯罪，还未有文献对这一问题进行探讨。本研究将借鉴舞弊的“三角理论”，运用中国上市公司的经验数据对这一问题进行实证研究。此外，高管薪酬差距和侵占型职务犯罪之间的关系可能会受到其他因素的影响，因此，本研究还将进一步研究企业所处地区的法治水平和企业自由现金流对高管薪酬差距和侵占型职务犯罪之间关系的影响。

5.1 文献综述

当前针对高管侵占型职务犯罪的研究较为少见，更多的文献研究了高管职务犯罪，这其中对于高管职务犯罪的原因主要从公司治理、薪酬激励和制度安排等方面进行了研究。

5.1.1 公司治理方面

Yalamov 和 Belev（2002），巴曙松和贾宿（2003），李维安（2005），Watson 和 Hirsch（2010）研究认为，国内外企业高管职务犯罪是由于以高管为中心的企业组织结构和公司治理弱化甚至缺失而导致的一种违法现象。有关高管职务犯罪的实证研究也支持了上述观点（Wu，2005；苏卫东和陈超，2005；张栋等，2007）。

5.1.2 薪酬激励方面

胡经生（2005），Pradyot（2007），曾威（2013）研究一致认为，企业高管之所以实施犯罪活动，一个主要原因在于许多企业还未建立起长期的薪酬激励机制，而对于已经建立的激励机制也存在逆向选择和多任务激励等问题。针对中国企业高管薪酬受到政府严格管制这一制度背景，陈冬华等（2005）、陈信元等（2009）、徐细雄和刘星（2013）研究表明，薪酬管制与企业高管职务犯罪的发生显著正相关，同时也会促使高管进行更多的在职消费。

5.1.3 制度安排方面

王克敏和吕长江（2001）、张蕊和陈剑洪（2013）研究认为，国有企业控制权安排的缺陷、产权主体模糊、国企高管的任命制及任期长、会计手法的掩护导致了高管职务犯罪案件频繁发生。周俊生（2005）、马志娟和陈宝敏（2007）研究认为，由于企业内部缺乏权力制衡机制，从而造成高管权力过度集中，这为高管实施职务犯罪活动提供了机会。金泽刚和于鹏（2009）从法律制度安排方面分析了高管职务犯罪的原因，研究认为，诱使高管犯罪的主要成因是高管犯罪案件的查处、移送缺乏具体标准，经济犯罪圈入罪门槛偏高，刑罚设置不尽合理，司法裁量失当等。

有关薪酬差距所产生的经济后果的文献主要研究了薪酬差距对企业业绩的影响，但并未得出一致的研究结论。Eriksson（1999）、Mahy 等（2011）、黎文靖和胡玉明（2012）、巩娜（2015）研究发现，高管薪酬差距与企业经营业绩显著正相关。不同于上述结论，鲁海帆（2007）、Martins（2008）、张正堂（2008）、Chris（2011）研究发现，薪酬差距与企业业绩呈显著负相关。另外，还有一部分文献研究发现，薪酬差距与企业业绩之间并非简单的线性关系，而是呈现出倒 U 型关系（Lazear，1989；张栋和杨兴全，2015；郝东洋，2016）。此外，还有一些学者研究了薪酬差距和投资效率、信息披露之间的关系。刘敏和冯丽娟（2015）研究发现，较大的薪酬差距能够促使企业扩大投资规模，提高企业投资水平和经营业绩。王浩和向显湖（2015）、王浩等（2015）研究发现，薪酬差距在一定界限内对公司业绩预告行为具有激励效应，超过一定界限，则具有反向激励效应。杨志强和王华（2014）、张泽南和马永强（2014）研究发现，薪酬差距越大，盈余管理程度越高，并且这一关系受企业股权集中度和产权性质的影响。

从以上对研究现状的梳理可见，当前相关问题的研究大多数仅仅研究了高管职务犯罪发生的原因，而缺乏对侵占型职务犯罪这一犯罪类型问题的关注。另外现有文献主要从公司治理、薪酬激励和制度安排等企业层面因素对高管职务犯罪的原因进行了研究，而缺乏对高管个人层面因素的关注，如关系到高管个人经济利益的薪酬问题。而事实上，高管职务犯罪作为高管在个人动机驱使下所实施的行为，个人层面因素对其的影响才是主导性的。缺乏对个人层面因素的关注也是当前理论界和实务界无法全面洞悉高管职务犯罪问题的主要原因之一。与此同时，现有文献对于薪酬差距问题的研究更多地关注了薪酬差距对于企业层面的经营业绩、投资效率和信息披露的影响，而缺乏对薪酬差距对高管个人行为影响的研究。事实上，相对于企业层面，薪酬差距对高管个人行为所产生的影响才是最直接的，而对企业层面因素的影响只是对个人行为所产生影响的间接后果。鉴于此，本研究从高管个人层面上研究高管薪酬差距对侵占型职务犯罪行为的影响，以丰富有关高管侵占型职务犯罪和薪酬差距的文献。

5.2 假说发展

借鉴 Albrecht（1995）所提出的舞弊的“三角理论”，高管侵占型职务犯罪发生的原因也可以归结为压力、机会和借口三要素。按照经济学对人的假设，企业高管是理性的经济人，他们会采取所有能够使自己的欲望得到满足的行动。高管在评价自我的欲望是否得到满足时，往往是通过与其他人的比较来进行评价，高管对个人薪酬的满足感评价也是同样如此。众多的研究表明，相对于实际薪酬水平，高管个人的薪酬与其他人薪酬的差距对于其薪酬满足感更具有解释力（Williams 等，2006；贺伟和龙立荣，2011）。高管薪酬差距会影响到高管对于个人薪酬欲望是否得到满足的认识和评价，进而影响高管个人行为决策的结果，这其中也包括了对于是否实施侵占型职务犯罪行为的决策。一般而言，较小的高管薪酬差距不仅会导致高管绝对的财富水平和相对的财富水平均处于一个较低的水平，而且会导致高管对薪酬的满足感降低，对财富和薪酬满足感的追求会给高管带来巨大的压力和动机，从而导致高管不惜以实施侵占型职务犯罪的方式来满足个人的欲望和满足感。此外，高管在实施侵占型职务犯罪时，还必须找到一个“合理化”的理由，以使其犯罪活动符合高管个人的道德观念和行为准则。较小的薪酬差距从某种程度上反映了企业薪酬制度的不合理，这也就成了高管实施侵占型职务犯罪的一个借口。高管会认为自己为企业的发展立下了汗马功劳，有时候甚至正是凭借一己之力使企业扭亏为盈，甚至起死回生，而所获得的薪酬却与普通员工或者其他企业高管相差无几，与自己的贡献严重不相匹配，进而导致高管心态失衡，将此视为自己实施侵占型职务犯罪的借口。按照比较对象的不同，高管薪酬差距可以分为内部薪酬差距和外部薪酬差距，内部薪酬差距是指高管个人薪酬水平与企业员工平均薪酬水平的差距，而外部薪酬差距是指高管薪酬水平与其他同行业企业高管薪酬水平的差距。基于上述分析，提出以下假说：

假说1：越小的高管内部薪酬差距越容易诱发高管实施侵占型职务犯罪。

假说2：越小的高管外部薪酬差距越容易诱发高管实施侵占型职务犯罪。

5.3 研究设计

5.3.1 样本选择与数据来源

本研究手工搜集整理了1991年中国证券市场成立以来的上市公司高管侵占型职务犯罪信息。具体方法如下：首先，通过百度网输入"高管犯罪""高管腐败""高管贪污""高管挪用""高管双规""高管被调查"等关键词，获取上市公司高管侵占型职务犯罪的媒体公开报道信息。其次，根据媒体报道信息查阅上市公司定期和不定期公告、市场监管机构公告、纪检司法机构公告，若这些公告也发布了相关信息，则将该公司确定为高管侵占型职务犯罪样本。最后，按照高管侵占型职务犯罪企业的规模、行业和年度标准，对每一家犯罪样本公司寻找1家未发生高管犯罪的公司作为参照样本与之配对。本研究共得到319家发生高管侵占型职务犯罪的公司，在配对和回归分析过程中由于数据缺失，最后得到323个样本观测值。其他数据来源于CSMAR数据库和Wind数据库。

5.3.2 变量选择和研究模型设计

（1）内部薪酬差距（Ngap）的衡量。

本研究借鉴黎文靖和胡玉明（2012）、陈德球和步丹璐（2015）的做法，由于上市公司并未披露每一位高管的薪酬金额，而仅仅披露了所有高管的薪酬总额，因此，使用高管薪酬总额除以领取薪酬的高管人数来衡量高管薪酬金额。员工平均薪酬使用现金流量表中的"支付给职工以及为职工支付的现金"、资产负债表中的"应付职工薪酬"期末数与期初数的差额和年报中披露的“高管薪酬总额”“员工总人数”来计算，具体计算方法如公式（5－1）所示。内部薪酬差距则等于高管薪酬与员工平均薪酬的比值，具体计算方法如公式（5－2）所示。

$$员工平均薪酬=\frac{支付给职工的现金+应付职工薪酬差额-高管薪酬总额}{员工总人数}$$

公式（5－1）

$$内部薪酬差距\ Ngap=\frac{高管薪酬}{员工平均薪酬}$$ 公式（5－2）

（2）外部薪酬差距（Egap）的衡量。

本研究借鉴黎文靖等（2014）、王浩等（2015）的做法，使用公式（5－3）计算外部薪酬差距，其中，行业平均薪酬为全部上市公司中年份和行业相同的公司高管薪酬金额的平均值。

$$外部薪酬差距\ Egap=\frac{高管薪酬}{行业平均薪酬}$$ 公式（5－3）

（3）研究模型设计。

本研究借鉴陈信元等（2009）、徐细雄和刘星（2013），构建以下模型来研究高管薪酬差距对侵占型职务犯罪的影响：

$$FZ=\beta_0+\beta_1 Gap+\lambda Control+\varepsilon$$

其中，FZ 是指高管是否实施了侵占型职务犯罪；Gap 是指企业高管薪酬差距，包括内部薪酬差距（Ngap）和外部薪酬差距（Egap）。同时本研究选择以下控制变量（Control），以克服遗漏变量偏误。State 是指实际控制人性质；Shrz 是指企业的股权集中度；Idd 是指独立董事比例；Dual 是指董事长和总经理是否由一人担任；Size 是指公司规模；Lev 是指资产负债率；Roa 是指资产收益率；Divi 是指企业发放的每股现金股利。各变量具体的定义见表 5－1。

表 5－1　　变量定义

变量	符号	定义
高管侵占型职务犯罪	FZ	如高管实施了侵占型职务犯罪取值 1，否则取值 0
内部薪酬差距	Ngap	高管薪酬与员工薪酬的比值
外部薪酬差距	Egap	高管薪酬与同行业高管薪酬的比值
产权性质	State	如最终控制人为国家则取值 1，否则取值 0

续表

变量	符号	定义
股权集中度	CR	公司第二大股东至第十大股东持股比例之和
独立董事比例	Idd	独立董事在董事会中所占人数比例
董事长和总经理合一	Dual	如董事长和总经理由一人担任则取值0，否则取值1
规模	Size	公司资产总额的自然对数
资产负债率	Lev	公司负债总额除以资产总额
总资产收益率	Roa	公司净利润除以资产总额
每股现金股利	Divi	企业发放的每股现金股利

5.4　实证结果分析

（1）描述性统计与相关性分析。

表5－2列示了变量的描述性统计结果。由于本研究的样本是通过对实施了高管侵占型职务犯罪的公司进行配对获得，所以FZ的均值和中值均为0.5。Ngap的均值（中值）为4.09（2.87），这表明样本公司高管薪酬平均为员工薪酬的4.09倍。Egap的均值（中值）为1.27（0.97），这表明样本公司高管薪酬平均而言是同行业上市公司平均高管薪酬的1.27倍，外部薪酬差距的中值为0.97，这表明接近一半的样本公司高管薪酬高于同行业公司的平均高管薪酬。另外，对于控制变量的描述性统计表明，平均而言，样本公司第一大股东持股比例是第二大股中的20.14倍，这与中国上市公司股权相对集中的状况是相符的；样本公司独立董事占董事会人数的比例平均为37%，这一比例符合中国证监会对独立董事比例的监管要求；样本公司的总资产自然对数为23.39；样本公司资产负债率为52%，处于一个相对较为合理的负债水平；样本公司总资产收益率为5%，收益率平均而言处于较低的水平；样本公司支付的每股股利为0.25元。在样本公司中，有79%的公司为国有企业，86%的公司董事长和总经理由两人担任。

表5－3列示了变量之间的Pearson和Spearman相关系数。结果表明，无论是Pearson检验还是Spearman检验，Ngap与FZ之间的相关关系显著

为负；而 Egap 与 FZ 的相关系数均为负，但并不显著，也就是说内部薪酬差距越大，企业越容易发生高管侵占型职务犯罪。Ngap 和 Egap 之间无论是 Pearson 相关系数还是 Spearman 相关系数均显著为正，对于内部薪酬差距越大的高管而言，其外部薪酬差距也会越大。由于相关性检验仅仅考察了两个变量之间的相关关系，而没有考虑其他变量的影响，所以解释变量和被解释变量之间真正的相关关系还有待多元回归分析的进一步检验。

表 5－2　　　　变量描述性统计结果（样本量为 323）

统计量 变量	均值	中值	最大值	最小值
FZ	0. 50	0. 00	0. 00	1. 00
Ngap	4. 09	2. 87	0. 10	32. 82
Egap	1. 27	0. 97	0. 15	8. 07
State	0. 79	1. 00	0. 00	1. 00
CR	20. 14	17. 61	0. 39	63. 54
Idd	0. 37	0. 36	0. 14	0. 63
Dual	0. 86	1. 00	0. 00	1. 00
Size	23. 39	23. 37	20. 24	27. 11
Lev	0. 52	0. 54	0. 10	0. 89
Roa	0. 05	0. 04	－0. 01	0. 26
Divi	0. 25	0. 10	0. 01	14. 54

（2）回归分析。

为了定量分析薪酬差距对于高管侵占型职务犯罪的影响，本研究以外部薪酬差距和内部薪酬差距作为考察变量对企业是否发生高管侵占型职务犯罪进行 Logit 回归分析。本研究首先把 Ngap 和 Egap 分别放入该模型中，以单独检验内部薪酬差距和外部薪酬差距对高管侵占型职务犯罪的影响，结果如表 5－4 中第 2～3 列所示。结果表明，在只包含 Egap 的模型中，Egap 的系数并不显著；而在只包含 Ngap 的模型中，Ngap 的系数显著为负。事实上，高管作为一个社会人，不仅会跟公司普通员工比较薪酬水平，而且会跟同行业的其他公司高管比较薪酬水平，对于需要公开披露薪酬水平的上市公司高管而言更是如此。因此，只有综合考虑两种薪酬差距

表5-3 变量Pearson和Spearman相关系数检验结果

变量	FZ	Ngap	Egap	State	CR	Idd	Dual	Size	Lev	Roa	Divi
FZ	1.00	-0.13 **	-0.06	0.32 ***	-0.22 ***	0.01	0.10 *	0.05	-0.01	0.02	-0.04
Ngap	-0.15 ***	1.00	0.64 ***	-0.14 **	0.13 **	-0.01	-0.12 **	0.14 ***	0.05	0.11 *	0.21 ***
Egap	-0.06	0.69 ***	1.00	-0.02	0.19 ***	0.05	-0.09	0.31 ***	0.02	0.26 ***	0.44 ***
State	0.32 ***	-0.07	-0.04	1.00	-0.21 ***	-0.04	0.10 *	0.17 ***	0.04	-0.10 *	-0.01
CR	-0.24 ***	0.10 *	0.13 **	-0.23 ***	1.00	0.01	-0.09	0.23 ***	0.04	0.10 *	0.23 ***
Idd	0.03	-0.05	-0.01	-0.01	0.00	1.00	-0.03	0.18 ***	0.12 **	-0.01	0.04
Dual	0.10 *	-0.07	-0.02	0.10 *	-0.11 **	-0.03	1.00	0.09 *	0.16 ***	-0.15 ***	-0.06
Size	0.06	0.16 ***	0.30 ***	0.16 ***	0.21 ***	0.17 ***	0.07	1.00	0.44 ***	-0.14 **	0.23 ***
Lev	-0.01	0.09 *	0.06	0.03	0.02	0.11 *	0.14 **	0.42 ***	1.00	-0.50 ***	-0.10 *
Roa	0.05	0.00	0.19 ***	-0.08	0.08	0.01	-0.20 ***	-0.06	-0.47 ***	1.00	0.57 ***
Divi	0.08	-0.01	0.05	0.05	0.00	0.25 ***	-0.20 ***	0.17 ***	-0.14 **	0.46 ***	1.00

注：上（下）三角为Spearman（Pearson）相关系数，*、** 和 *** 分别表示在10%、5%和1%的水平上显著（下同）。

才能真正反映高管薪酬差距对其实施侵占型职务犯罪的影响。本研究把Ngap和Egap同时放入回归分析中，结果表明，Ngap与FZ显著负相关，这表明内部薪酬差距越小，企业发生高管侵占型职务犯罪的可能性越大，假说1得到验证。Egap与FZ之间呈现显著正相关的关系，也就是说，高管薪酬的外部差距越大，企业越容易发生高管侵占型职务犯罪，这一结论与假说2相反。其中缘由可能在于，相比于内部薪酬差距，外部薪酬差距更多地受到企业盈利水平高低和高管权力大小的影响，盈利水平较高的企业才有可能给高管发放更多的薪酬，拥有更大权力的高管能够通过自定薪酬获得更高的薪酬（赵宇恒，2010）。因此，比同行业公司更高的高管薪酬在很大程度上反映了公司具有较高的盈利水平和较大的不受约束的高管权力，而较高的盈利水平和较大的不受约束的高管权力为高管实施侵占型职务犯罪创造了更多的机会和更大的空间（周俊生，2005），进而这类公司发生高管侵占型职务犯罪的可能性反而更高。研究结论表明，内部和外部薪酬差距在对高管侵占型职务犯罪倾向方面的影响并非一致的，较小的内部薪酬差距为高管实施侵占型职务犯罪提供了动机和借口，从而诱发高管实施了侵占型职务犯罪；外部薪酬差距更多地是反映了企业的盈利水平和高管权力大小，因此外部薪酬差距越大的企业高管反而更有可能实施侵占型职务犯罪，这也从某种程度上说明了实施了犯罪活动的高管的贪婪。

表5-4　　多元回归结果

变量	FZ	FZ	FZ
Ngap	-0.077** (0.043)		-0.138** (0.013)
Egap		-0.049 (0.736)	0.374* (0.092)
State	1.928*** (0.000)	1.962*** (0.000)	1.931*** (0.000)
CR	-0.037*** (0.001)	-0.038*** (0.001)	-0.037*** (0.001)
Idd	-0.219 (0.927)	0.273 (0.908)	-0.206 (0.932)

续表

变量	FZ	FZ	FZ
Dual	0.533 (0.219)	0.605 (0.159)	0.504 (0.253)
Size	0.087 (0.506)	0.056 (0.679)	0.022 (0.872)
Lev	0.087 (0.931)	0.030 (0.976)	0.101 (0.920)
Roa	6.482* (0.090)	6.496* (0.093)	4.915 (0.214)
Divi	0.044 (0.820)	0.046 (0.804)	0.073 (0.705)
常数项	-4.152 (0.237)	-3.707 (0.295)	-2.884 (0.426)
年度	控制	控制	控制
行业	控制	控制	控制
样本量	234	234	234
R^2	0.047	0.086	0.100

注：所有回归均使用 Robust 方法对异方差进行了调整；括号内为 P 值；下同。

5.5　进一步的检验

（1）法治水平的影响。

法律作为国家确立的规范个人和组织行为的一种规则，依靠国家强制力保障有效实施，任何违反法律的行为都会受到惩罚，因此，法律对全体社会成员具有普遍的约束力，每个社会成员在进行行为决策时都会把法律作为决策的约束条件之一。如果一个地区制定的法律法规越完善，投入的司法资源越多，并且每一项法律法规均得到有效实施，那么该地区的法治水平也就越高，法律也就越能被纳入社会成员的理性决策的约束条件之中（North，1981），高管在权衡侵占型职务犯罪时也会考虑所处地区的法治水平。本研究首先把企业所处地区的法治水平（Legal）① 作为解释变量放入模型中，结果如表 5－5 第 2 列所示：Legal 的系数并不显著，这表明企业所处地区的法治水平并不会对高管侵占型职务犯罪产生直接影响。

事实上，高管侵占型职务犯罪作为一项违反法律要求的犯罪活动，较低的高管薪酬差距为高管实施侵占型职务犯罪提供了压力和借口，但是这种压力和借口是否真正地驱使高管实施侵占型职务犯罪，可能还会受到法治水平的影响，也就是说，法治水平作为一种外部因素，其对于高管侵占型职务犯罪的影响必须通过高管薪酬差距这一内部因素发挥作用。因此，本研究按照郑志刚等（2014）的做法，按照各地区法治水平的年度中值，把样本公司分为低法治水平组和高法治水平组，然后分别对两组样本按照本研究模型进行回归，结果如表 5－5 第 3 列和第 4 列所示。对于低法治水平组的样本公司，Ngap 与 FZ 之间呈现显著的负相关关系，Egap 与 FZ 之间是显著的正相关关系，这一结论与全样本回归的结论相一致；而对于高法治水平组的样本公司，Ngap 与 FZ、Egap 与 FZ 之间的相关关系不再显著。这表明，如果公司所处地区的法治水平较低，较小的内部薪酬差距和较大的外部薪酬差距均会诱发高管实施侵占型职务犯罪；反之，如果公司所处地区的法治水平较高，无论内部还是外部薪酬差距均不再对高管侵占型职务犯罪产生显著的影响。这一结论表明，一个地区的法治水平越高，高管在同样的压力和借口情况下，实施侵占型职务犯罪的可能性会大大降低，也就是说，较高的法治水平能够抑制薪酬差距对高管侵占型职务犯罪所带来的影响。

（2）自由现金流的影响。

Jensen（1986）提出的自由现金流假说认为，企业自由现金流的减少能够缓解企业所有者与经营者之间的代理问题，降低企业的代理成本，进而提高企业价值。所谓自由现金流是指企业持有的超过所有净现值为正的投资项目所需资金之后剩余的、没有得到很好使用的现金流。在企业股东和高管之间存在委托—代理问题的情况下，高管是以个人薪酬、福利和权力最大化为目的的，在此目的驱使下高管会囤积更多的自由现金流，用于

① 本研究使用樊纲等（2011）编制的各地区市场化进程指数的子指数来衡量法治水平。鉴于樊纲等（2011）编制的市场化指数只到 2009 年，本研究用过去三年的移动加权平均法对 2009 年以后的法治水平进行估算。

大量的无效率投资以实现帝国构建和高额的在职消费，甚至不惜通过贪污、挪用或私分等违反法律的方式把自由现金流据为己有。因此，企业的自由现金流越多，企业也就拥有更多的可被高管控制和支配的现金资源，这就为高管实施侵占型职务犯罪留下了更多的机会。本研究首先把自由现金流量（Fcash）① 作为考察变量放入模型中进行回归分析，结果如表5－5中第5列所示，Fcash的系数并不显著，这表明企业自由现金流并不会对高管侵占型职务犯罪产生直接影响。

较小的高管薪酬差距为高管实施侵占型职务犯罪提供了压力和借口，但是压力和借口仅仅为高管实施犯罪活动提供了动机和可能性，这一动机和可能性能否转变为高管的实际行动，还取决于是否存在实施犯罪活动的机会，而较多的企业自由现金流恰恰为高管这一犯罪活动提供了更多的机会和空间，因此，自由现金流量有可能会对高管薪酬差距和侵占型职务犯罪之间的关系产生影响。基于此，本研究按照自由现金流量的年度中值，把样本公司分为低自由现金流组和高自由现金流量组，然后分别对两组样本按照本研究模型进行回归，结果如表5－5中第6列和第7列所示。对于高自由现金流组的样本公司，Ngap与FZ呈现显著的负相关关系，Egap与FZ之间是显著的正相关关系，这一结论与全样本回归的结论相一致；而对于低自由现金流组的样本公司，Ngap与FZ、Egap与FZ之间的关系不再显著。这表明，拥有较多自由现金流的企业，如果其高管具有较小的内部薪酬差距和较大的外部薪酬差距，那么高管更有可能实施侵占型职务犯罪；反之，对于拥有较少自由现金流的企业，无论内部还是外部薪酬差距均不会诱发高管实施侵占型职务犯罪。这一结论表明，较多的企业自由现金流为存在薪酬差距的高管实施侵占型职务犯罪提供了机会，从而诱发这类高管更容易实施侵占型职务犯罪。一般而言，拥有较多自由现金流的企业具有较高的盈利水平，其高管也会拥有更大的资源支配权力，只有这类企业的高管外部薪酬差距才会显著诱发侵占型职务犯罪，这一结论也间接说明了前文对假说2研究结论所给出的缘由的合理性。

---

① 本研究借鉴肖作平（2006）、李丽君和金玉娜（2010）的做法，采用如下公式计算自由现金流量：Fcash =（净利润 + 利息费用 + 非现金支出 － 营运资本追加 － 资本性支出）/期末资产总额。

表 5-5　　进一步多元回归结果

变量	法治水平			自由现金流		
	全样本	较低组	较高组	全样本	较低组	较高组
Ngap	-0.138** (0.013)	-0.357** (0.016)	-0.104 (0.148)	-0.137** (0.013)	-0.150 (0.218)	-0.190** (0.019)
Egap	0.374* (0.094)	0.675* (0.091)	0.336 (0.264)	0.381* (0.086)	0.055 (0.910)	0.561* (0.069)
Legal	0.000 (0.998)					
Fcash				0.810 (0.610)		
State	1.931*** (0.000)	1.239* (0.072)	2.701*** (0.000)	1.926*** (0.000)	1.927*** (0.007)	2.841*** (0.000)
CR	-0.037*** (0.001)	-0.051*** (0.002)	-0.022 (0.268)	-0.036*** (0.002)	-0.037* (0.066)	-0.039** (0.031)
Idd	-0.207 (0.932)	5.641 (0.195)	-1.945 (0.561)	-0.107 (0.965)	-3.560 (0.435)	0.096 (0.978)
Dual	0.504 (0.254)	-0.428 (0.527)	0.916 (0.206)	0.477 (0.283)	1.150 (0.150)	-0.535 (0.438)
Size	0.022 (0.875)	0.172 (0.474)	0.124 (0.540)	0.016 (0.907)	-0.046 (0.851)	0.252 (0.221)
Lev	0.102 (0.921)	-2.629 (0.127)	0.457 (0.784)	0.040 (0.968)	-1.600 (0.379)	0.735 (0.629)
Roa	4.915 (0.214)	-6.593 (0.288)	14.063* (0.051)	4.555 (0.256)	6.248 (0.296)	4.829 (0.565)
Divi	0.073 (0.706)	0.098 (0.743)	-1.070 (0.268)	0.070 (0.714)	0.297 (0.273)	0.576 (0.767)
常数项	-2.884 (0.427)	-3.959 (0.445)	-22.187 (0.989)	-2.779 (0.445)	-15.364 (0.992)	-7.564 (0.103)
年度	控制	控制	控制	控制	控制	控制
行业	控制	控制	控制	控制	控制	控制
样本量	323	164	152	323	146	165
R^2	0.171	0.171	0.171	0.171	0.171	0.171

5.6 稳健性检验

本研究进行了以下的稳健性检验：

第一，高管薪酬差距对实施侵占型职务犯罪的影响可能是结构性的，并且前文研究结果也可能会受到薪酬差距量纲的影响。同时，黎文靖等（2014）认为企业产权性质也是影响薪酬差距的重要因素，本研究对内部薪酬差距和外部薪酬差距按照相同年份、行业和产权性质上市公司内部（外部）薪酬差距的均值进行虚拟化处理，如果样本公司的内部（外部）薪酬差距大于年度行业均值，则内部（外部）薪酬差距变量（Ngap/Egap）取值为1，否则取值为0。

第二，高管持股也会影响高管个人的行为决策，因此，本研究把变量高管是否持股（Eshare）加入模型中，如果高管持有公司股份，则Eshare取值为1，否则取值为0。

第三，党的十八大以后，随着反腐倡廉和从严治党的有力推进，高管职务犯罪被集中揭露和审判，因此，在控制变量中加入反映党的十八大是否召开的变量Eight，如果样本是在党的十八大召开以后，则Eight取值为1，否则取值为0。

第四，由于净资产收益率更能反映企业为股东创造的收益率，所以使用净资产收益率（Roe）来替代总资产收益率（Roa）。

上述稳健性检验的结果分别如表5-6第2~5列所示①，Ngap和Egap的系数均显著，并且符号也与前文的结果相一致，这表明本研究的实证结果在一定程度上是稳健的。

表5-6　　稳健性检验结果

变量	FZ	FZ	FZ	FZ
Ngap	-1.028*** (0.003)	-0.134** (0.016)	-0.138** (0.013)	-0.144*** (0.010)

① 限于篇幅，本研究仅仅列示了针对假说1的稳健性检验结果，而针对法治水平和自由现金流的稳健性检验也没有根本上改变本研究的研究结论。

续表

变量	FZ	FZ	FZ	FZ
Egap	0.990** (0.011)	0.387* (0.083)	0.374* (0.092)	0.404* (0.068)
State	2.079*** (0.000)	1.832*** (0.000)	1.931*** (0.000)	1.884*** (0.000)
CR	-0.037*** (0.001)	-0.038*** (0.002)	-0.037*** (0.001)	-0.036*** (0.002)
Idd	0.154 (0.948)	-0.099 (0.968)	-0.206 (0.932)	-0.261 (0.914)
Dual	0.611 (0.163)	0.493 (0.267)	0.504 (0.253)	0.464 (0.290)
Size	0.033 (0.809)	0.000 (0.999)	0.022 (0.872)	0.036 (0.794)
Lev	-0.218 (0.831)	0.140 (0.890)	0.101 (0.920)	-0.409 (0.656)
Roa	6.218 (0.116)	4.200 (0.299)	4.915 (0.214)	
Divi	0.040 (0.845)	0.086 (0.660)	0.073 (0.705)	0.134 (0.508)
Eshare		-0.009 (0.975)		
Eight			0.756 (0.248)	
Roe				1.052 (0.559)
常数项	-4.073 (0.273)	-2.254 (0.545)	-3.641 (0.303)	-2.826 (0.434)
年度	控制	控制	控制	控制
行业	控制	控制	控制	控制
样本量	323	310	323	323
R^2	0.178	0.158	0.171	0.168

5.7　结　　论

本研究从企业高管薪酬差距的视角，运用中国上市企业的经验数据，并结合企业所处地区的法治水平和企业的自由现金流，实证检验了高管薪酬差距是否会诱发侵占型职务犯罪。研究结果发现，内部薪酬差距越小，高管实施侵占型职务犯罪的可能性更大；外部薪酬差距越小，高管实施侵占型职务犯罪的可能性越低。进一步的研究还发现，上述关系只在所处地区的法治水平较低或者自由现金流较多的企业才显著成立。本研究对于当前理论界和实务界充分认识高管侵占型职务犯罪的影响因素和企业薪酬差距的经济后果提供了经验证据，也对于企业高管侵占型职务犯罪的治理提供了新的思路和借鉴意义。

本研究的启示在于：压力、借口和机会构成了高管实施侵占型职务犯罪的必要条件，只有三个要素综合作用才会诱发高管侵占型职务犯罪，高管薪酬差距及其不合理性，为高管侵占型职务犯罪提供了压力和借口，较低的法治水平和较多的企业自由现金流则为高管寻租和侵占型职务犯罪提供了机会，因此，对于高管侵占型职务犯罪的防范和治理也必须从这三个要素同时着手。具体而言，一方面，需要在现代企业中建立起科学合理的高管薪酬体系，让真正为企业作出贡献的高管得到与其贡献相匹配的薪酬，从而有效降低高管实施侵占型职务犯罪的压力和借口；另一方面，让企业资源能够按照效益最大化的原则合理地流动，避免高管在企业内部囤积大量的自由现金流，不但降低了资金的使用效益，而且给高管寻租、实施侵占型职务犯罪留下了巨大的机会和空间。与此同时，一个地区较低的法治水平也会给高管实施侵占型职务犯罪提供机会，当前仍需要持续推进依法治国这一基本国策，从而有效减少高管实施侵占型职务犯罪的机会和空间。

第6章　高管侵占型职务犯罪对企业价值影响机理分析及其具体表现

正如导论中所述，高管掌握着企业重要资源配置的绝对权力，他们针对企业的任何行为，都会对企业及其利益相关者产生重大影响。权力是一把双刃剑，如果高管能够恰当合法地运用手中权力，那么就能为企业及其利益相关者创造更多的价值；反之，如果高管利用手中权力实施犯罪活动，那么就会给企业及其利益相关者带来极大的危害。

侵占型职务犯罪发生的数量最多[①]，产生的动因最为复杂，所带来的不利影响也最大（张蕊，2012），是当前高管职务犯罪防范和治理的关键。另外，侵占型职务犯罪是高管为了谋求个人利益而故意实施的职务犯罪活动，是一种典型的高管在自利动机下主动实施的犯罪活动，而滥用型和失职型职务犯罪更多情况下是高管的一种非自利或者非故意的犯罪活动。因此，研究高管侵占型职务犯罪更能够清晰地探明高管在个人私欲的驱使下如何在个人利益、企业利益和社会利益之间选择和权衡问题，以及这种选择会对企业和社会带来什么样的危害。

中国作为一个转型中的社会主义国家，一方面，国有企业在整个国民经济中处于主体地位，国有企业的全民所有特性决定了它的经营只能实行多层次的委托代理制。由于每一层代理人都有私人的利益诉求，而不会完全按照委托人的利益行事。如此一来，多层次委托代理制下冗长的委托—代理链必将导致巨大的信息耗损和激励扭曲，从而造成了代表人民履行委

① 根据统计资料显示，1993～2007年，高管侵占型职务犯罪约占整个高管职务犯罪的60%～70%（金泽刚和于鹏，2009；王荣利，2011）。

托人职责的政府官员手中的监督和控制权很容易被企业高管“收买”或“俘获”，进而使得国有企业高管比民营企业高管拥有了更大的不受监督的权力。另一方面，中国国有企业的经营目标不仅仅是企业价值最大化，而且包含了众多诸如维护社会稳定、扩大就业等政策性任务，企业经营目标的多元化导致了企业高管行为与企业经营绩效之间的因果关系不再明确。同时，虽然国有企业由全民所有，但是事实上却是由政府行使最终出资人的职责和享有相应的权力，这样一来，政府为了实现自身的行政目标往往会对国有企业实施更多的政府干预和政府救助，这也为高管实施犯罪活动后的卸责和掩盖罪行留下了空间和借口。因此，中国国企高管职务犯罪现象更加严重，特别是党的十八大以来，国家反腐倡廉的持续发力和依法治国的全面推进，一大批国企高管因为职务犯罪而被调查和审判。据“北京师范大学中国企业家犯罪预防研究中心”统计，2014年共有109例国有企业高管犯罪案件和122位高管被法院审理或宣判[①]。另外，由于高管侵占型职务犯罪所具有的“化公为私”和“中饱私囊”特性，高管侵占型职务犯罪更容易和更普遍地发生在国有企业中。因此，在中国研究企业高管职务犯罪，特别是侵占型职务犯罪问题对于当前的国企改革、市场经济体制完善和政府治理更具有不同寻常的意义。

随着资本市场的发展，企业本身也可以作为一种商品在市场上交易，并且投资者可以通过这种交易的资本利得获益，而无须通过企业经营收益的分配获益，因此，整个企业在资本市场上的价格，即企业价值，越来越成为投资者关注的焦点，相应地，企业经营目标也由利润最大化逐渐转变为企业价值最大化。对于不同行业或者不同地区的企业来说，如果其价值高低不同的原因可以归结于行业和地域因素的话，那么处于同一行业和地区的企业的价值为什么也会出现很大差异，甚至是天壤之别呢？许多学者从公司治理、资本结构、多元化经营等企业层面的因素研究了这一问题，但是他们忽视了企业员工，特别是高管的个人行为对企业价值的影响。事实上，所有的企业都是由人在经营和管理，高管作为企业最高级别的管理者是企业重大决策的制定者和执行者，掌握着企业资源配置的核心权力。

① 北京师范大学中国企业家犯罪预防研究中心：《2014中国企业家犯罪报告》，http://news.sina.com.cn/o/2014-12-21/170431310567.shtml，2020年5月29日。

因此，高管的个人行为会对企业价值产生重要影响。企业高管侵占型职务犯罪作为一种高管为了攫取个人利益利用职务之便而实施的违法行为，其是否会对企业价值产生重要影响，当前学者对这一问题的研究还比较少。

6.1 高管侵占型职务犯罪对企业价值影响的机理分析

运用经济学中的委托代理理论和寻租理论能够更加深入地剖析企业高管侵占型职务犯罪现象，以及由此引发的对于企业价值的影响。

现代企业拥有众多分散的所有者，由于这些所有者在企业的经营决策上达成一致意见的成本太高，所以企业每一个所有者都不太可能直接经营企业，他们便以签订契约的方式将经营权委托给高管来行使，希望通过高管的经营管理来实现所有者利益最大化。于是在现代企业中出现了所有权与经营权的分离，企业所有者与高管之间存在着委托代理关系。但是，由于信息的不对称、复杂的和充满不确定性的外部环境以及个人的有限理性，所有者和高管在签订契约时都无法预测到未来所有可能发生的或然事件，也就无法针对这些或然事件作出相应的规定（Grossman 和 Hart，1986），这种情况下所签订的契约就是不完全的契约。针对这种不完全的契约，企业所有者需要指定某些人拥有那些在契约中事先无法规定的那份控制权的权力，即“剩余控制权”，以便在那些未被初始契约规定的或然事件出现时作出相应的决策，而企业高管由于其所处的地位天然地拥有这些“剩余控制权”（Ahgion 和 Bolton，1992）。从理论上来讲，如果企业高管作为代理人忠实地为所有者利益最大化履行自己的职责，那么企业高管就能正当地行使“剩余控制权”，但是高管也是理性的“经济人”，他们并非完全按照所有者利益或者企业价值最大化来行动，而是有动机利用手中的权力进行寻租①，以谋求个人不正当控制权私利（Krueger，1974；Eric，2010），从而也就引发了高管侵占型职务犯罪。

① 所谓“租”，又称“经济租”，是指某种生产要素所有者所获得的收入中，超过此要素机会成本的剩余。人们不断地寻求“经济租”的过程即被称之为寻租。

依照加里·贝克尔（2008）所提出的观点，高管侵占型职务犯罪行为并不是一种处于高管理性分析外的失常行为，而是高管对收益与成本进行权衡，然后在预期能够平衡的基础上作出抉择，这类抉择可以看成是高管个人的一种特殊的投资活动。而经济学研究的重点是经济行为人如何在成本效益分析的基础上实现预期效用最大化，不仅十分强调个体行为在资源配置中的作用，而且以数学为基本理论工具，对知识的精确性和有效性进行了客观验证。事实上，企业高管侵占型职务犯罪从本质上表现为一种委托代理条件下高管利用手中的“剩余控制权”为个人牟取不正当利益的权力寻租和利益攫取行为（徐细雄和刘星，2013）。经济学中的委托代理理论和寻租理论很好地分析和解释了委托代理背景下高管的个人行为选择和权力合理使用问题。

委托—代理理论认为，在委托—代理情况下企业的所有者并不直接参与企业的经营管理，而是委托企业管理者（即代理人）来经营管理企业。但是，委托人和代理人之间存在着严重的信息不对称，委托人不能直接观察到代理人的行为，难以获得有关代理人努力程度的信息，又由于他们之间的目标函数并不完全一致，代理人可能凭借自己的信息优势地位，出于机会主义动机采取“隐藏信息”或者“隐藏行为”的方式获取个人私利，进而损害委托人和企业的利益，这种行为在经济学上被称之为“道德风险”。对于国有企业而言，由于涉及多层次委托代理关系，委托—代理链条更长，从而导致投资者和高管之间存在着更大的信息不对称，企业高管也更容易存在严重的道德风险问题。高管侵占型职务犯罪在本质上也是一种两权分离条件下对高管财产经营责任约束的弱化，以及由此引发的高管道德风险问题（张蕊，2011a）。高管利用信息优势地位，向企业投资者隐藏了自己贪污、受贿、挪用公款和侵占等信息和行为，从而获得非法个人利益，这必然会直接带来企业价值的下降。从另外一个角度来说，高管的道德风险会使得投资者投入更多的资源来限制高管的行为，同时，高管也要付出担保成本来保证自己不会采取损害投资者利益的行为。这样，高管和投资者的福利均会遭受一定的损失，最终企业价值也会随之下降。

作为企业所有者的代理人，高管被授予了未被企业契约所规定的“剩余控制权”，高管本应该通过正当运用这一权力来实现企业价值最大化。但是，作为一个经济人，高管在运用权力过程中并不会完全追求企业价值最大化，而是像囤积居奇的商人一般，把手中的权力作为一种可以兑现金钱或其利益的商品（陈星，2000），等待着寻求权力的人来“寻租”，以获得自身的控制权私利（Eric，2010）。因此，高管侵占型职务犯罪本质上是一种权力寻租行为（Krueger，1974）。寻租理论认为，一方面，寻租指的是那种利用在签订契约或者政治过程中获得的特权实施某些活动，从而构成对他人利益的损害大于租金获得者收益的行为（塔洛克，1999），仅仅是一种人为争夺财富转移而浪费了整个社会资源的活动（柯兰德，2005）；另一方面，寻租行为是一种非生产性的活动，它不会创造新财富和促进经济增长，而是致力于对既得经济利益进行再分配。高管侵占型职务犯罪作为一种寻租活动，它并不能够在保证企业价值不降低的情况下实现高管个人的非法利益，而仅仅是对现有企业价值的再分配，把本该属于全体投资者拥有的企业价值的一部分“再分配”给高管个人，这样一来，高管侵占型职务犯罪最终势必会导致企业价值受损。另外，对于企业高管来说，不仅可以通过侵占型职务犯罪获得个人利益（即“收租”），还可以通过手中的权力不断为自己的职务犯罪活动拓宽施展空间（即“设租”），从而获得更大的个人利益，也给企业价值带来更大的损失。对于存在所有者“缺位”现象严重的企业，其高管会拥有更大的资源支配权力，一旦这些权力被高管用来寻租，企业价值必将受到更大的减损。

现代企业高管侵占型职务犯罪的一个重要特点是高管利用手中的企业资源配置权力谋取私利的违法行为（Huang 和 Snell，2003；黄群慧，2006），其产生的根源是对手中所掌握权力的滥用（陈星，2000）。因此，高管侵占型职务犯罪对于企业价值所带来的经济后果与企业内部权力配置密切相关。企业高管位居企业科层结构的顶端，相比于普通员工而言他们拥有更大的权力。但是，由于公司治理和企业文化等因素的差异，企业内部权力分配也不尽相同，从而造成了不同企业的高管所拥有的权力大小也是不尽相同。与此同时，一个企业会有多位高管，这些不同的高管所具有的权力大小也是完全不同的。高管个人权力的大小不仅会影响高管实施侵占型职务犯罪活动的可能性，更会影响高管侵占型职务犯罪活动所导致经济后果的严重程度。具体而言，首先，权力从根本上来说就是一个集体赋予某些人支配集体资源的一种资格。因此，拥有较大权力的高管对企业的资源具有更大的支配权，一旦他们实施侵占型职务犯罪活动，企业价值的损害也会更大。其次，在自利动机驱使下，拥有较大权力的高管可能会利用手中的权力通过各种渠道削弱企业其他利益相关者对自己的监督，并导致高管的权力寻租空间进一步增大，这样一来其实施的侵占型职务犯罪活动对企业价值的影响程度也更大。最后，拥有较大权力的高管更可能通过对企业关键人员（如关键岗位上的下属、供应商、客户）的威逼利诱，形成有组织的犯罪团伙，给企业价值，乃至未来发展带来致命性的打击。许多的经验证据也表明，随着高管权力强度增加，他们更有动机和能力去实施关联交易（Bolton 等，2006）、构建商业帝国（Oler 和 Olson，2011）、牟取超额薪酬（权小锋等，2010）、进行奢靡的在职消费（陈冬华等，2005），甚至是赤裸裸的贪污受贿等犯罪行为（陈信元等，2009），而这些行为无疑会给企业价值带来更大的损失。

6.2　高管侵占型职务犯罪对企业价值影响的具体表现

传统意义上的金融经济学理论均认为，资本市场上的投资者在个人禀赋、偏好、信念等方面均具有相同的特质。但是近年来，主流金融经济学理论开始摒弃上述观点，认为投资者在信念、约束、偏好和收入等诸多方面存在着异质性，事实上这一观点也更加接近现实中的资本市场。企业价值是企业适应市场环境、获利能力和竞争优势的综合表现（陆正飞和施瑜，2002），并且随着观察时期的不同企业价值也会有着完全不同的表现。存在着异质性投资者的对于不同表现层面的企业价值的关注也不尽相同，具体而言：对于以短期获利为目的的投资者来说，关注企业价值在短期内的表现是十分有意义的，因为投资者可以通过“低买高卖”策略而获利；但是对于企业的控股股东和战略投资者来说，他们更加关注企业价值在一个较长时期内的表现，这是因为他们希望通过企业长期的良好经营或者与自身形成协同效应而获益。上述两类投资者获利策略均是以企业能够持续经营为前提的，一旦企业因为陷入财务困境而无法经营下去，任何投资者都将难以获利，甚至血本无归。财务困境主要表现为企业因为财务状况不断恶化而无力偿还各项债务，被迫破产清算或者大规模重组。企业陷入财务困境的过程也是企业价值不断走低，甚至趋零的过程。因此，财务困境也是企业价值的一种表现形式，只不过是一种价值趋零的极端状况。由于市场参与者在短期内和长期内所掌握的信息数量和精准度不同，短期的和长期的企业价值也并不相同，而处于财务困境下的企业价值更多反映的是一种清算价值，因此，对于同一家企业而言，其三种层面上企业价值并不完全一致，并且不同类型的企业价值对于不同投资者的意义也不尽相同。因此，对于高管侵占型职务犯罪影响企业价值的分析也可以从短期影响、长期影响和极端影响这三个层面上具体加以展开。

第一，高管侵占型职务犯罪对于企业价值的短期影响主要反映在高管侵占型职务犯罪的市场反应方面。有效市场理论认为，资本市场所具有的高流动性，使得资本市场的竞争程度要比一般商品市场激烈得多，高度的流动性和激烈的竞争使大量投资者竞相搜集和加工分析有关未来企业价值的信息，并据此作出股票买卖决策，从而影响市场上的股票价格。如果股票价格能够及时反映市场上所有已经公开的信息（如企业的盈利宣告、股票增发、股利宣告等），则这样的市场被称之为有效市场。当高管职务犯罪事件公开以后，资本市场参与者会预期这一事件对于企业未来的影响，并迅速作出买卖股票的决策，从而使得企业价值在短期内发生变动，具体就表现为股票价格迅速地升降。高管侵占型职务犯罪在本质上是一种委托代理背景下的道德风险和权力寻租问题，它并不是一种生产性活动，无法为投资者创造新的财富，而仅仅是对现有财富的再分配。高管的这种化公为私、中饱私囊的行为势必会造成企业价值的贬损。因此，当企业高管侵占型职务犯罪的信息对外公开以后，现有的投资者会降低之前对于企业价值的较高预期而选择卖出股票，潜在的投资者也会因此选择不买入该企业的股票。如此一来，企业股票在资本市场上就会出现供大于求的状况，进而导致股票价格下降和收益率下跌。此外，高管侵占型职务犯罪行为向投资者传递了一个负面信号，正是因为企业在公司治理、内部控制和企业文化等方面存在严重的缺陷和漏洞，才会导致高管侵占型职务犯罪的发生，而这些缺陷和漏洞也极有可能在未来给企业价值造成更大的损失，投资者也会基于这种考虑而选择马上卖出或者不买该公司的股票，从而给企业股票带来严重的负面市场反应。民生银行行长毛晓峰被立案调查这一事件充分说明了这一点。2015 年 1 月 31 日，民生银行行长因涉嫌严重违纪违法被有关部门带走协助调查，此事件引发民生银行 A 股和 H 股股价双双大跌近 6%。研究学者 Karpoff 和 Lott（1993）、杨玉凤等（2008）考察了企业层面的违规行为对外披露以后的市场反应，结果表明，企业违规行为的市场反应显著为负。

第二，高管侵占型职务犯罪对于企业价值的长期影响主要表现在企业长期价值表现或长期持有回报方面。企业高管侵占型职务犯罪被公开之后，市场参与者基于对企业未来价值的判断而作出股票买卖决策，进而影响到企业股票的超额收益率，但这只是市场参与者在高管侵占型职务犯罪被公开时较短时间内对未来企业价值的预测，由于在一个较短的时间内市场参与者所掌握的信息较少，也很容易受到非理性行为的影响，因此这一预测并不一定准确。事实上，企业在一个事件发生后的较长时间内的价值表现与市场参与者在事件发生时的预测并不一定完全一致。高管侵占型职务犯罪对于企业价值的长期影响主要体现在直接和间接两个方面。直接影响主要体现在，高管侵占型职务犯罪作为一种非生产性寻租活动，本身并不会创造新的价值，而只是对现有价值的“再分配”，而且是对于本该属于全体投资者所有的企业价值的“再分配”，事实上是一种违法侵占行为，势必造成企业长期价值的下降。Karpoff 等（2008）、醋卫华和夏云峰（2012）均研究认为，企业高管犯罪给高管个人带来了好处，但却损害了企业长期价值。间接影响主要体现在，高管侵占型职务犯罪的发生向投资者传递了有关企业公司治理、内部控制和对法律的遵从等方面的不利信息，破坏了企业的良好声誉，从而使得利益相关者改变之前对于企业的预期，作出对企业不利的投资决策。对于股票投资者来说，会做出卖出或者不买该公司股票的投资决策，从而使得公司无法获得重组的权益融资；而对于银行等债权人来说，可能会要求企业提前归还借款或者更高的借款利息，甚至拒绝向企业发放贷款。当前学者的研究也证实了这一点。Siegal（2002）研究发现，所有违规的企业几乎都没有获得外源融资，而那些没有违规的企业获得了更多的再融资机会。陈运森和王汝花（2014）研究也发现，企业违规后，获得的银行贷款和商业信用额度显著减少，并且贷款成本也显著上升。企业融资上的困难和融资成本的攀升都会给企业未来长期价值带来严重的负面影响。

第三，高管侵占型职务犯罪对于企业价值的极端影响主要表现在财务困境方面。财务困境是指，一个企业的现金流量不足以抵偿现有到期债务，而只有对公司的运营方式或者结构进行大规模的重组，否则企业只能破产倒闭。Modigliani 等（1958）研究认为，在一个的完美世界里，公司价值与其负债率无关，公司可以自由借贷以获得净现值大于零的项目的融资，并把多余的现金返还给投资者，资不抵债所引发的财务困境问题并不存在。然而，现实中公司无法自由获得借贷，债务违约风险的存在使公司有可能陷入财务困境。公司陷入财务困境，除了可从经营业绩等相关财务指标中得到解释外，也可从企业两权分离所导致的委托代理问题中得到解释。委托代理理论认为，由于所有权与经营权的分离，公司所有者与高管的利益常常不一致，此时如果公司没有一个良好的内在制度安排（包括激励和监督方面的安排）和严格的外在法律约束，高管就有可能实施侵占型职务犯罪活动，损害公司业绩，使企业陷入财务困境。

具体而言：一方面，高管侵占型职务犯罪作为一项高管权力寻租活动，其势必会导致企业现金流被滥用，以及导致企业进行大量低效率投资，从而削弱了企业经营业绩水平，长此以往会导致企业更容易陷入财务困境（Goktan 等，2013）。另一方面，股票市场具有高度流行性，其对市场上的各种信息尤其是负面信息十分敏感，而高管侵占型职务犯罪信息反映企业过去经营管理方面所存在的严重问题，一旦有关企业高管侵占型职务犯罪的信息被传递到市场上去，市场参与者会迅速作出负向的市场反应，作出抛售公司股票的决策，进而会引发公司股价大幅下跌，甚至出现股价崩盘风险，这会造成公司无法在资本市场再融资，也会促使银行提前收回贷款或者拒绝发放新贷款，最终导致公司因资金链断裂而陷入财务困境。

第7章　高管侵占型职务犯罪对企业价值影响的实证检验：高管侵占型职务犯罪、机构投资者与企业价值

企业价值是企业适应市场环境、获利能力和竞争优势的综合表现（陆正飞和施瑜，2002），并且随着观察时期的不同企业价值也会有着完全不同的表现。由于投资者投资的目的和方式不同，企业的投资者并非完全同质的，不同性质的投资者的对于不同表现层面的企业价值的关注也不尽相同，对于以短期获利为目的的投资来说，更加关注企业短期价值；而对于通过企业长期经营或与自身形成协调效应获利的控股股东和战略投资者来说，更加关注企业长期价值；对于所有的投资者其获利策略均是以企业持续经营为前提的，均更加关注企业极端价值情形，即财务困境状况。可见，不同类型的企业价值对于不同投资者的意义也不尽相同，高管侵占型职务犯罪对企业价值的影响可以从短期影响、长期影响和极端影响这三个层面上展开具体实证检验与分析。

机构投资者是资本市场重要的参与者，其行为特征和对资本市场的作用一直受到广泛关注。相比于个人投资者，机构投资者不仅拥有更多的信息搜集渠道和更专业的信息分析能力，而且具有更大的动机和成本优势去搜集和分析信息，因此，机构投资者往往被视为信息交易者（Wermers，2000；游家兴和汪立琴，2012）。机构投资者可能利用自己的优势及时地把自己所掌握的私有信息传递到股票价格中去，从而加速了股票价格对新信息的调整和吸收，增加了股票价格的信息含量，提高了资本市场对信息的反应效率（Huang 和 Wang，2008；侯宇和叶冬艳，2008）。机构投资者还可能利用自己的优势通过助推股票价格的暴涨暴跌而谋取更高的收益，

从而降低股票价格的信息含量和资本市场的整体效率。当公司高管侵占型职务犯罪信息被公开披露以后，机构投资者会如何影响资本市场对这一信息所作出的决策反映，并进而影响企业价值，这都是本研究关注的又一重要问题。

运用手工搜集的中国上市公司高管侵占型职务犯罪数据，从短期影响、长期影响和极端影响这三个层面实证检验了高管侵占型职务犯罪对企业价值的影响，同时鉴于机构投资者之于上市公司和资本市场的重要作用，进一步研究了机构投资者对高管侵占型职务犯罪与企业价值关系的影响。本研究对于当前理论界和实务界充分认识高管侵占型职务犯罪的经济后果提供了经验证据，也对于重新认识机构投资者之于资本市场信息效率的意义提供了新的视角。

7.1 文献述评

当前针对高管侵占型职务犯罪的研究还较为少见，更多文献研究了高管职务犯罪。对于高管职务犯罪的经济后果，现有文献主要从企业绩效、投资效率、破产清算等方面进行了研究。

（1）企业绩效方面。

Karpoff 等（2008）、Oler 等（2011）、醋卫华和夏云峰（2012）研究认为，高管职务犯罪给高管个人带来了好处，但损害了企业的长期绩效。Harris 和 Raviv（1988）、王前锋（2007）研究发现，高管职务犯罪增加了企业代理成本，进而降低了企业的绩效。Fisman 和 Svensson（2007）、De Rosa 等（2015）研究认为，高管职务犯罪阻碍了企业的未来成长，进而降低了企业绩效。Morck 等（1990）研究认为，实施了职务犯罪的高管为了谋取个人的私利，进行了更多降低企业绩效的并购活动，从而导致企业绩效的下降。Murphy 等（1993）研究认为，高管职务犯罪具有报酬递增的特性，会导致高管热衷于犯罪活动，而不是正常经营、创新和研发活动，最终降低了企业绩效。不同于上述观点，Wang 和 You（2012）、Cen 等（2013）、黄玖立和李坤望（2013）、刘锦和王学军（2014）研究发现，高管职务犯罪活动能够帮助企业获得更多的稀缺资源（包括银行贷款、政府和国企订单、政府审批等），从而有助于企业的成长和绩效的提升。徐雷和王乐（2014）研究发现，高管职务犯罪程度与企业绩效之间存在着显著的倒U型曲线关系，企业绩效会随着高管职务犯罪程度的增加而先增加，但是当高管职务犯罪程度超过某个“度”时，企业的整体绩效反而会下降。

（2）投资效率方面。

Xuan（2009）研究认为，高管职务犯罪会影响企业内部不同部门间的资本投向，进而对企业内部资本配置效率起到破坏作用。Huang 和 Snell（2003）研究发现，企业高管职务犯罪活动不仅降低企业内部资本配置效率，而且会降低对外投资效率。不同于上述观点，Acemoglu 和 Verdier（2000）研究认为，高管职务犯罪能够帮助企业绕开政府某些不合理的管制，反而有助于企业达到有效的资源配置。

（3）破产清算方面。

Goktan 等（2013）、Iwasaki（2014）研究表明，高管职务犯罪不仅使得企业更有可能成为被收购对象，而且会导致企业逐渐走向破产清算。

从以上对现有文献的梳理可见，大多数文献仅仅研究了高管职务犯罪所导致的经济后果，而没有对高管职务犯罪的类型加以区分。另外现有文献主要从企业绩效、投资效率、破产清算等方面研究了高管职务犯罪的经济后果，而缺乏对市场反应的关注。事实上，市场反应集中体现了众多参与者所掌握的私有信息、对股票价格的判断和对风险的偏好，研究高管侵占型职务犯罪所引发的市场反应能够更全面地洞悉众多市场参与者对于高管犯罪行为所带来的经济后果的评价。此外，现有的关于市场反应的研究更多地关注了企业层面的行为，而缺乏对企业中拥有较大权力的高管个人行为所引发的市场反应情况的关注，而事实上，高管个人行为同样会对企业和资本市场产生重大影响。鉴于此，本研究拟探讨高管侵占型职务犯罪这一个人行为所引发的市场反应，以拓展有关高管侵占型职务犯罪和市场反应的研究。

7.2 假说发展

在企业所有权与经营权分离的背景下，所有者与高管之间由于信息不对称和利益函数不一致导致了严重的委托—代理问题，高管并非完全按照所有者的利益来行事，甚至不惜采用违法犯罪的手段谋求个人利益最大化，从而引发了高管侵占型职务犯罪问题。高管侵占型职务犯罪本质上就是高管利用手中的职务权力进行寻租的一种行为，这种行为并不会创造新的财富，而仅仅是对现有财富的再分配，是一种典型的非生产性寻租活动。企业高管通过侵占型职务犯罪把原本属于全体股东拥有的一部分企业价值归为自己所有，这种化公为私、中饱私囊的行为势必会损害企业价值（Yalamov 和 Belev，2002；醋卫华和夏云峰，2012；张蕊和管考磊，2015）。因此，当企业高管侵占型职务犯罪信息被纪检机构或者媒体公开披露以后，现有的和潜在的投资者在考虑高管侵占型职务犯罪对企业价值所带来的损害基础上，调低之前对企业价值所作出的估计，进而选择卖出或者不再买入企业的股票。此外，高管侵占型职务犯罪还向投资者传递了一个负面信号，这一犯罪活动的发生反映了企业在公司治理、内部控制和高管激励方面存在严重缺陷，有理由相信这些缺陷在过去可能不仅仅导致了高管侵占型职务犯罪的发生，还可能导致了其他未被发现的严重问题，如果这些缺陷得不到有效解决，在未来还有可能给企业和利益相关者带来更大的损失。因此，在高管侵占型职务犯罪被公开披露以后，由于投资者对企业价值看跌，使得企业股票在短期内出现供大于求的状况，进而导致股票价格下降和收益率下跌。Chen 等（2005）、杨玉凤等（2008）、朱冠东（2011）考察了企业层面的违规行为对外披露以后的市场反应，结果表明，企业违规行为的市场反应显著为负。基于上述分析，本研究提出如下假说：

假说 3：高管侵占型职务犯罪会引发显著负向的短期市场反应。

行为经济学认为，市场参与者由于自身的有限理性，并不能充分理解高管侵占型职务犯罪对企业价值的影响，在此基础上所作出的股票买卖决策在一定程度上也可能偏离了事实。这种偏离又可以分为反应不足和反应过度两种情况。第一，市场反应不足。由于市场参与者的保守性偏差，市场参与者在评估企业价值时对以往的历史信息给予过多的权重，而对高管侵占型职务犯罪这一新信息重视得不够，从而导致市场对高管侵占型职务犯罪没有作出充分、及时的反应，股票价格未能下调到其应有的水平，从而市场在短期内出现反应不足的情况。第二，市场反应过度。由于市场参与者在不确定性条件下系统性心理偏差，市场参与者在知悉高管实施了侵占型职务犯罪之后，倾向于过度重视刚刚获悉的信息，对新信息作出的反应也更为激烈，以及市场参与者的从众心里，导致股票价格下跌幅度超过其应有的水平，从而市场在短期内出现反应过度的情况。如果股票价格在短期内对高管侵占型职务犯罪信息出现反应不足的情况，那么股票价格在长期内则会出现“惯性”现象，也就是在未来一个较长的时间内继续出现负向的市场反应，以使得股票价格正确反映高管侵占型职务犯罪对企业价值的影响。反之，如果股票价格在短期内出现了过度反映的情况，那么股票价格在长期内则会出现“反转”现象，也就是在投资者真正了解高管侵占型职务犯罪对企业价值的影响和从众心理消散之后，投资者会意识到之前反应过度，积极采取反向的市场操作，从而出现正向的长期市场反应。邓路等（2011）、张震（2016）研究发现，如果资本市场在短期内对公司的某一事件反应不足或反应过度，那么在长期内市场反应则会发生反转。基于上述分析，本研究提出以下两个竞争性假说：

假说4a：高管侵占型职务犯罪会引发显著负向的长期市场反应。

假说4b：高管侵占型职务犯罪会引发显著正向的长期市场反应。

财务困境是指一个企业的经营性现金流量不足以抵偿现有到期债务，而只有对公司运营方式或者结构进行大规模的重新调整，否则企业只能走向破产倒闭的地步（Wruck，1990）。陷入财务困境的企业未来能否生存下去存在重大的不确定性。企业生存理论认为，一个企业的生存要受到企业内外因素的多重影响，如果各种因素能够适当的搭配，企业生存的机会将会增大，并且可能会获得良好的获利空间；反之，企业的生存将无法保证。影响企业生存的内部因素主要包括企业行为合法性、经营者管理能力、企业的组织结构、资产流动性程度等（Shleifer 和 Vishny，1992；李青原和王永海，2006）。作为企业高管行为合法性的一个方面，高管侵占型职务犯罪对企业陷入财务困境可能性的会产生重要影响，这主要体现在：一方面，高管侵占型职务犯罪是高管的一种权力寻租活动，在这一过程中，高管会滥用企业的现金流，盲目甚至故意进行非效率投资，从而降低了企业的资产流动性和经营业绩，最终使得企业陷入财务困境的可能性增加。现有的研究从高管腐败和寻租的角度证实了这一点，Aaron 和 Pechman（2002）、Goktan 等（2013）研究发现，企业高管寻租动机及其显性腐败行为是导致企业陷入财务困境或成为被收购对象的重要原因。另一方面，股票市场和信贷市场具有高度流动性，使其对于企业和高管的违法的信息尤为敏感，高管侵占型职务犯罪向企业利益相关者传递了有关企业过去和未来的不利信息，影响到利益相关者对于企业未来现金流量的预期，从而会引起企业股票价格大跌、银行提前收回贷款或者拒绝发放新的贷款，这种现象在资本市场的传播，会引发资本市场和信贷市场出现“多米诺骨牌效应”，最终导致企业会因为资金链断裂而陷入财务困境。基于以上分析，本研究提出以下假说：

假说5：相对于未发生高管侵占型职务犯罪的企业，发生高管侵占型职务犯罪的企业更容易陷入财务困境。

委托—代理理论认为，现代企业中所有权与经营权发生了分离，企业的所有者并不直接参与企业的经营管理，而是委托企业管理者（即代理人）来经营企业。但是，委托人和代理人之间存在着严重的信息不对称，委托人不能直接观察到代理人的行为和关于代理人的努力程度的信息，又由于他们之间的目标函数并不完全一致，代理人可能凭借自己拥有的信息优势地位，出于主观意识和机会主义动机采取“隐避信息”或者“隐避行为”的方式获取个人私利，进而损害了委托人和企业的利益，这种行为在经济学上被称之为“道德风险”。对于国有企业而言，由于涉及多层委托代理关系，委托代理链条更长，因此，投资者和高管之间存在着更大的信息不对称，进而导致了高管更加严重的道德风险问题。高管侵占型职务犯罪在本质上也是一种两权分离条件下对高管财产经营责任约束的弱化，以及由此引发的高管道德风险问题（张蕊，2011）。高管利用信息优势地位，向企业投资者隐藏了自己贪污、受贿、挪用公款和侵占等信息和行为，从而获得非法个人利益，这必然会直接带来企业价值的下降。从另外一个角度来说，高管的道德风险会使得投资者投入更多的资源来限制高管的行为。同时，高管也要付出担保成本来保证自己不会采取损害投资者利益的行为。如此一来，高管和投资者的福利均会遭受一定的损失，最终企业长期价值也会随之下降。基于以上分析，本研究提出以下假说：

假说6：相对于未发生高管侵占型职务犯罪的企业，发生高管侵占型职务犯罪的企业具有更低的长期价值。

机构投资者是资本市场中不可或缺的参与者，是界于大股东和个人投资者之间的第三方力量。对于机构投资者之于资本市场的作用，存在两种不同的观点，一种观点认为，相比于个人投资者，一方面，机构投资者不仅具有更大的动机去搜集企业信息，而且还拥有更多获取企业信息的渠道，企业也会主动与机构投资者沟通信息，以弥补公开信息披露的不足；另一方面，机构投资者能够以较低的成本雇佣专业分析师团队，其进行资本市场有关信息挖掘和企业价值评估的能力远胜于个人投资者（Huang 和 Wang，2008；孔东民等，2015）。因此，机构投资者可以凭借自身的信息优势和专业优势更加准确地判断企业价值，进而作出更加科学的股票买卖决策，使得企业股票价格能够更及时、准确地反应企业信息，提高了市场的有效性。另一种观点认为，相比于个人投资者，一方面，机构投资者有可能为了获得短期收益，利用自己所具有的信息优势、专业优势和资金优势，在同一时间内以相同方向交易同一支股票，从而助推了股票价格的暴涨和暴跌，出现机构投资者骑乘泡沫的现象（Abreu 和 Brunnermeier，2003；陈国进等，2010）；另一方面，机构投资者存在着比个人投资者还要严重的羊群行为（李志文等，2010），这是因为他们对股价的影响力比个人投资者更大，能够从羊群行为中获得更高的收益。因此，机构投资者削弱了股票价格中的信息含量，降低了市场效率。本研究认为，随着中国资本市场的不断发展完善，机构投资者作为资本市场的重要力量，越来越成为维护资本市场健康发展不可或缺的一环，不仅是上市公司治理的积极参与者与对公司管理层的监督者，而且还增加了股价中的公司特有信息含量，提高了市场的效率（侯宇和叶冬艳，2008）。王谨乐和史永东（2018）研究认为，对于那些业绩亏损的公司，机构投资者能够对公司形成较强的外部压力。基于以上分析，本研究提出以下假说：

假说7：相比于机构投资者持股比例较低的企业，机构投资者持股比例较高企业的高管侵占型职务犯罪会导致更低的企业价值。

7.3 研究设计

7.3.1 样本选择与数据来源

本研究手工搜集整理了1991年中国资本市场成立以来的上市公司高管

侵占型职务犯罪信息，具体方法如下：首先，在搜索引擎百度网输入“公司简称”和“高管犯罪”“高管腐败”“高管贪污”“高管挪用”“高管双规”“高管调查”等关键词，获取每一家上市公司高管侵占型职务犯罪的权威媒体公开报道信息；其次，根据媒体报道信息查阅上市公司定期和不定期公告、监管机构公告、纪检司法机构公告，若这些公告也发布了相关信息，则将该公司确定为高管侵占型职务犯罪样本；最后，采用倾向匹配方法（PSM 方法），在控制高管侵占型职务犯罪相关影响因素的情况下对每一家犯罪样本公司寻找 1 家未发生高管犯罪的公司作为参照样本与之配对①。本研究共得到 319 家发生高管侵占型职务犯罪的样本，在配对过程中由于数据的缺失，最后得到 310 个样本观测值。其他数据来源于 CSMAR 和 Wind 数据库。

7.3.2 变量选择和研究模型设计

（1）短期市场反应的衡量。

本研究使用公司股票的累计超额收益率来衡量短期市场反应。参考以往 Chen 等（2005）、谭洪涛等（2011）、吴溪等（2016）的做法，本研究采用市场模型计算超额收益率。具体计算步骤如下：第一，事件窗口的选择。本研究将高管侵占型职务犯罪被纪委或权威媒体披露日作为事件日，选取事件日前后的（-1，+1）和（-3，+3）作为事件窗口。第二，估计窗口的选择。本研究选取（-150，-30）共 120 个交易日作为估计窗口。第三，估计模型的选择。本研究选取市场模型作为股票正常收益率的预测模型（如公式 7-1 所示）。第四，将使用估计窗口数据和市场模型估计的系数代入公式（7-2）分别计算出公司在事件窗口内每天的正常收益率。第五，运用公式（7-3）计算公司在整个事件窗口（-1，+1）和（-3，+3）的累计超额收益率 CAR_3 和 CAR_7。

$$R_{it} = \alpha_i + \beta_i R_{mt} + \varepsilon_{it} \qquad \text{公式（7-1）}$$

$$AR_{it} = \hat{\alpha}_i + \hat{\beta}_i R_{mt} \qquad \text{公式（7-2）}$$

---

① 本研究在 PSM 过程中选取的影响因素包括：企业规模、资产负债率、实际控制人性质；高管外部薪酬差距、总资产收益率、董事长和总经理是否合一、自由现金流量、股权集中度、高管是否持股和独立董事比例。

$$CAR_{(t_1,t_2)} = \sum_{t_1}^{t_2}(R_{it} - AR_{it}) \quad \text{公式 (7-3)}$$

其中，R_{it}是第 i 家公司事件日附近第 t 日的实际收益率，采用 CSMAR 数据库中的"考虑现金红利的日个股回报率"衡量；R_{mt}是第 i 家公司事件日附近第 t 日对应的市场收益率，采用 CSMAR 数据库中的"考虑现金红利的分市场回报率"衡量；t_1和 t_2分别表示事件窗口的开始日和结束日。

（2）长期市场反应的衡量。

本研究借鉴郭泓和赵震宇（2006）、邓路等（2011）的做法，采用长期购买并持有超额收益法衡量长期市场反应。具体计算步骤如下：首先，使用公式（7-4）计算公司 i 在事件日后 T 期的购买并持有收益率；其次，使用公式（7-5）计算沪深两市在事件日后 T 期的购买并持有收益；最后，使用公式（7-6）计算公司 i 在事件日后 T 期的购买并持有超额收益率。参考以往文献，本研究计算事件日后 12 个月的购买并持有超额收益率，即 T=12 个月。

$$BHAR_{iT} = \prod_{t=1}^{t=T}(1 + R_{it}) - 1 \quad \text{公式 (7-4)}$$

$$BHAR_{mT} = \prod_{t=1}^{t=T}(1 + R_{mt}) - 1 \quad \text{公式 (7-5)}$$

$$BHAR_{i} = BHAR_{iT} - BHAR_{mT} \quad \text{公式 (7-6)}$$

（3）财务困境的衡量。

本研究借鉴王彦超等（2012）、郑国坚等（2014）、刘平洋等（2014）的做法，采用 Altman（1968）所提出的 Z_score 模型所计算的 Z 指数①来衡量企业财务困境（FD）。Z 指数与公司陷入财务困境的可能性成反比，Z 指数越小，则公司陷入财务困境的可能性越大；Z 指数越大，则公司陷入财务困境的可能性就越小。同时，借鉴 Sudmsanam 和 Lai（2001）、姜付秀等（2009）的做法，如果企业 Z 指数小于 1.8，则认为该企业陷入财务困境，令 FD 取值为 0，否则为 1。

---

① Edward Altman 在 1968 年就对美国破产和非破产生产企业进行观察，对 22 个财务比率经过数理统计筛选后建立了著名的 5 变量 Z_score 模型。Z_score 模型能够有效分析和判别企业的财务状况，并得到众多学者和企业的广泛应用。Z 指数 = 1.2 × 营运资金/总资产 + 1.4 × 留存收益/总资产 + 3.3 × 息税前利润/总资产 + 0.6 × 股票总市值/负债账面价值 + 0.999 × 销售收入/总资产。

(4) 企业长期价值的衡量。

本研究借鉴王垒等(2019)、李英利和谭梦卓(2019)的做法，分别使用企业 Tobin Q 值和市值账面比(MTB)来衡量企业价值(ELV)，Tobin Q =(年末普通股股票数 × 年末收盘价 + 负债合计年末金额)/资产重置成本，其中重置成本使用企业资产的账面价值衡量。Tobin Q 值不仅考虑了企业未来长期价值的大小，而且考虑了带来企业价值的资本成本问题，因而更能科学地反映企业创造价值的能力。MTB 等于企业市值与资产总额的比值，反映了企业在未来的长期成长性与价值。

(5) 研究模型设计。

本研究借鉴邓路等(2011)、谭洪涛等(2011)、吴溪等(2016)的做法，构建公式(7-7)验证本研究的假说。

$$Value_i = \beta_0 + \beta_1 FZ + \lambda Control + \varepsilon \quad \text{公式 (7-7)}$$

其中，Value 是指企业价值，包括 CAR、BHAR、FD 和 ELV，CAR 是指短期市场反应；BHAR 是指长期市场反应；FD 是指财务困境，使用 Z 指数衡量；ELV 是指企业长期价值，分别使用 TobinQ 和 MTB 衡量。FZ 是指高管是否实施了侵占型职务犯罪；IV 是指公司机构投资者持股比例，当机构投资者持股比例大于当年所有上市公司的中值，则取值为1，否则取值为0。同时选择以下控制变量(Control)，以克服遗漏变量偏误。PE 是指企业的市盈率；Eps 是指企业的每股收益；Grow 是指企业的成长性；State 是指实际控制人性质；CR 是指企业的股权集中度；Opinion 是指企业审计意见；Afirm 是指企业审计师是否为国际四大；Divi 是指企业股利分配率；Frca 是指企业自由现金流量；Size 是指企业规模；Lev 是指资产负债率；Roa 是指总资产收益率；Sep 是指企业控制权与所有权的分离度。各变量具体的定义见表 7-1。

表 7-1　　变量定义

变量名称	符号	变量定义
短期市场反应	CAR	详见本书 7.3.2 (1) 部分
长期市场反应	BHAR	详见本书 7.3.2 (2) 部分
财务困境	FD	采用 Z_score 模型计算
Tobin Q 值	Tobin Q	(年末普通股股票数 × 年末收盘价 + 负债合计年末金额)/资产重置成本

续表

变量名称	符号	变量定义
市值账面比	MTB	公司市值与资产总额的比值
高管侵占型职务犯罪	FZ	如高管实施了侵占型职务犯罪取值1，否则取值0
机构投资者	IV	机构投资者持股比例大于当年所有上市公司的中值，则取值为1，否则取值为0
市盈率	PE	公司股票市价除以每股收益
每股收益	Eps	净利润/股本
成长性	Grow	（当年营业收入－上年营业收入）/上年营业收入
产权性质	State	如最终控制人为国家则取值1，否则取值0
股权集中度	CR	第一大股东与第二大股东持股比例的比值
审计意见	Opinion	如果审计意见为标准无保留意见，则取值为1，否则取值为0
国际四大	Afirm	如果审计师为国际四大，则取值为1，否则取值为0
股利分配率	Divi	公司每股股利除以每股收益
自由现金流量	Frca	公司自由现金流量除以资产总额
总资产收益率	Roa	公司净利润除以资产总额
企业规模	Size	公司资产总额的自然对数
资产负债率	Lev	公司负债总额除以资产总额
两权分离度	Sep	公司控制权与所有权之间的差值

7.4 实证结果分析

7.4.1 描述性统计与相关性分析

表7－2列示了变量的描述性统计结果。CAR_3 和 CAR_7 的均值分别为0、0，中值分别为－0、－0，这表明全部样本在事件窗口内的累计超额收益率平均而言趋近于0。BHAR的均值为－0.07，中值为－0.11，这表明全部样本公司在事件发生后12个月内的购买并持有收益率为负数。样本公司财务困境指数平均为0.63，低于Altman（1968）所提出的公司是否陷入

财务困境分界线1.8，这表明样本公司普遍处于财务困境状况，这与本研究样本是由实施了高管侵占型职务犯罪的公司所组成有关。样本公司的Tobin Q平均值1.69，MTB平均值为1.59，这表明公司价值处于较低的水平。由于本研究的样本是通过对实施了高管侵占型职务犯罪的公司进行配对获得，所以FZ的均值趋近于0.5。由于IV是在对企业机构投资者持股比例按照年度行业中值虚拟化后得到，所以，样本公司IV的均值为0.63，中值为1。

表7-2　　变量描述性统计结果（样本量为310）

变量 \ 统计量	均值	中值	最大值	最小值
CAR_3	0.00	-0.00	-0.04	0.07
CAR_7	0.00	-0.00	-0.06	0.10
BHAR	-0.07	-0.11	-0.46	0.40
FD	0.63	1.00	0.00	1.00
Tobin Q	1.69	1.41	1.01	3.13
MTB	1.59	1.32	0.97	2.93
FZ	0.51	1.00	0.00	1.00
IV	0.63	1.00	0.00	1.00
PE	54.66	31.48	9.36	191.21
Eps	0.38	0.26	0.05	1.11
Grow	0.08	0.06	-0.18	0.38
State	0.90	1.00	0.00	1.00
CR	16.76	13.81	3.97	36.22
Opinion	1.00	1.00	1.00	1.00
Afirm	0.14	0.00	0.00	1.00
Divi	0.22	0.24	0.00	0.53
Frca	0.01	0.01	-0.10	0.12
Roa	0.04	0.03	0.01	0.09
Size	23.23	23.11	21.45	25.37
Lev	0.54	0.55	0.24	0.79
Sep	4.73	0.00	0.00	18.89

另外对控制变量的描述性统计表明：平均而言，样本公司的市价是每股收益的54.66倍，样本公司存在价值被高估的风险；每股收益为0.38元；营业收入的成长性为8%；第一大股东的持股比例是第二大股东的16.76倍，样本公司普遍存在着一股独大的状况；股利支付率为0.22，样本公司股利支付处于较低水平；自由现金流量为0.01；资产负债率为54%；资产收益率为4%；所有权和控制权的分离度为4.73。样本公司中，90%的公司终极控制人为政府事业单位；14%的公司聘请了国际四大事务所作为财务报告审计机构。

图7-1列示了发生高管侵占型职务犯罪和未发生犯罪的两组样本公司在（-5，5）事件窗口内的超额收益率AR的走势情况。由图7-1可见，整体而言，发生犯罪公司在事件窗口内的超额收益率普遍低于未发生犯罪公司的超额收益率。在高管侵占型职务犯罪被公开披露之前及披露当日，发生犯罪公司的超额收益率均为正值，可见市场并未预计到公司即将可能发生的高管犯罪信息，但是在高管犯罪被公开披露的第2天，市场对发生高管犯罪的公司作出了较大的负向反应，直至被公开披露第5天这一市场反应虽然逐渐趋近于0，但依然为负值，而同一时间内对于未发生高管犯罪的公司，其超额收益率一直为正值。由此可见，相对于未发生高管侵占型职务犯罪的公司，市场对发生了高管侵占型职务犯罪的公司给予了明显负向的市场反应。

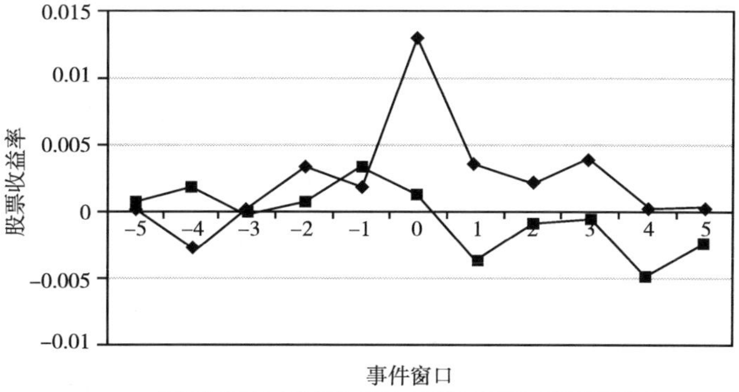

图7-1 事件窗口内股票超额收益率走势图

表 7-3 列示了主要变量之间的 Pearson 和 Spearman 相关系数。结果表明，无论是 Pearson 检验还是 Spearman 检验，CAR_7 与 FZ、BHAR 与 FZ 的相关系数均显著为负，也就是说相比于未发生高管犯罪的公司，市场在（-3，3）事件窗口内和长期内对高管侵占型职务犯罪作出了显著负向的市场反应。机构投资者持股比例与长期市场反应之间的相关系数显著为正，这表明，机构投资者持股能够促使企业对高管侵占型职务犯罪作出更大的市场反应。由于相关性检验仅仅考察了两个变量之间的相关关系，而没有考虑其他变量的影响，所以解释变量和被解释变量之间真正的关系还有待多元回归分析的进一步检验。

表 7-3　主要变量 Pearson 和 Spearman 相关系数检验结果

变量	CAR_3	CAR_7	BHAR	FD	Tobin Q	MTB	FZ	IV
CAR_3	1.00	0.63***	0.01	0.01	-0.04	-0.04	-0.03	0.01
CAR_7	0.66***	1.00	0.01	0.05	-0.03	-0.02	-0.08*	0.02
BHAR	-0.01	0.01	1.00	0.03	0.01	0.01	-0.10*	0.12**
FD	0.00	0.04	0.06	1.00	0.53***	0.56***	0.02	0.08
Tobin Q	-0.03	-0.01	0.07	0.49***	1.00	0.98***	0.02	0.03
MTB	-0.02	-0.01	0.09	0.51***	0.97***	1.00	0.02	0.02
FZ	-0.06	-0.11**	-0.10*	0.01	-0.01	-0.01	1.00	0.04
IV	-0.01	-0.01	0.12**	0.07	0.01	0.02	0.05	1.00

注：上（下）三角为 Spearman（Pearson）相关系数，*、** 和 *** 分别表示在 10%、5% 和 1% 的水平上显著（下同）。

7.4.2 回归分析

为了定量分析资本市场对高管侵占型职务犯罪的短期和长期反应，本研究以公司是否发生高管侵占型职务犯罪作为考察变量对短期和长期市场反应进行多元线性回归分析。本研究首先将 CAR_3 和 CAR_7 作为被解释变量，以检验高管侵占型职务犯罪所引发的短期市场反应，结果如表 7-4 第 2~3 列所示。结果表明，无论是 CAR_3 还是 CAR_7 作为被解释变量，FZ 的系数都显著为负。这表明，相对于没有发生高管侵占型职务犯罪的公司，资本市场对发生了高管侵占型职务犯罪的公司作出了显著的负向市场反应，假说3得到验证。

企业高管侵占型职务犯罪被公开之后，资本市场参与者基于对企业未来价值的判断而作出股票买卖决策，进而影响到企业股票的短期超额收益率，但这只是市场参与者在较短时间内对未来企业价值的预测。由于在一个较短的时间内市场参与者所掌握的信息较少，也很容易受到非理性行为的影响，因此，企业在一个事件发生后的较长时间内的价值表现与市场参与者在事件发生时的预测并不一定完全一致。鉴于此，本研究将事件日后12个月的购买并持有超额收益率（BHAR）作为被解释变量，以考察高管侵占型职务犯罪所引发的长期市场反应，结果如表7－4第4列所示。结果表明，FZ与BHAR之间呈现显著的正相关关系，这表明，相对于没有发生高管侵占型职务犯罪的公司，资本市场在未来12个月内对发生高管侵占型职务犯罪公司作出了正向的市场反应。这表明，资本市场参与者的非理性行为，导致了市场在短期内对高管侵占型职务犯罪作出了过度的负向反应，这一过度市场反应在未来市场参与者意识到之后开始逐渐反转，因此，高管侵占型职务犯罪反而会引发显著正向的长期市场反应，假说4b得到验证。

为了定量分析发生高管侵占型职务犯罪的企业是否更容易陷入财务困境，本研究以公司是否发生高管侵占型职务犯罪作为被解释变量对财务困境指数进行多元线性回归分析。本研究将使用Altman（1968）所提出的Z_score模型所计算的Z指数FD作为被解释变量，以检验企业发生高管侵占型职务犯罪对其是否导致企业更容易陷入财务困境，结果如表7－5第2列所示。结果表明，FZ与FD的系数显著为负。这表明，相对于没有发生高管侵占型职务犯罪的公司，发生高管侵占型职务犯罪的公司更容易陷入财务困境，假说5得到验证。

为了分析高管侵占型职务犯罪对企业长期价值的影响，本研究以公司是否发生高管侵占型职务犯罪作为考察变量对企业长期价值进行多元线性回归分析。本研究首先将Tobin Q和MTB作为被解释变量，以检验高管侵占型职务犯罪对企业价值的影响，结果如表7－5第3～4列所示。结果表明，无论是Tobin Q还是MTB作为被解释变量，FZ的系数都显著为负。这表明，相对于没有发生高管侵占型职务犯罪的公司，发生了高管侵占型职务犯罪的公司具有更低的和Tobin Q和MTB，也就是说具有更低的企业价值，假说6得到验证。

表 7-4　　高管侵占型职务犯罪与市场反应多元回归结果

变量	CAR_3	CAR_7	BHAR
FZ	-0.019* (0.062)	-0.029** (0.047)	-0.092* (0.072)
PE	-0.000 (0.500)	-0.000 (0.272)	-0.000 (0.319)
EPS	-0.029* (0.094)	-0.034 (0.219)	-0.097 (0.297)
Grow	0.000 (0.495)	0.000 (0.729)	-0.000 (0.420)
State	0.008 (0.674)	0.027 (0.292)	0.136 (0.207)
CR	-0.000 (0.994)	0.000 (0.549)	-0.001 (0.649)
Opinion	0.032 (0.478)	0.060* (0.053)	-0.104 (0.583)
Afirm	0.001 (0.951)	-0.020 (0.276)	-0.094 (0.255)
Divi	-0.012 (0.413)	-0.025** (0.033)	0.090 (0.267)
Frca	-0.200*** (0.000)	-0.201 (0.325)	0.044 (0.907)
Roa	0.152 (0.440)	0.218 (0.437)	2.705** (0.046)
Size	0.008 (0.151)	0.010 (0.138)	-0.020 (0.575)
Lev	-0.058 (0.103)	-0.074 (0.181)	0.316 (0.186)
常数项	-0.176 (0.183)	-0.271* (0.067)	0.155 (0.854)
年份/行业	控制	控制	控制
样本量	310	310	310
Adj R^2	0.078	0.058	0.041

注：所有回归均使用 Robust 方法对异方差进行了调整；括号内为 P 值；下同。

表7-5 高管侵占型职务犯罪与财务困境、长期企业价值多元回归结果

变量	FD	Tobin Q	MTB
FZ	-0.734* (0.089)	-0.110* (0.077)	-0.096* (0.081)
PE	0.009* (0.098)	0.004*** (0.000)	0.004*** (0.000)
Grow	-1.415 (0.291)	0.147 (0.399)	0.061 (0.707)
State	-0.265 (0.780)	-0.152 (0.232)	-0.124 (0.297)
CR	5.011** (0.011)	0.023 (0.917)	0.042 (0.834)
Afirm	0.504 (0.447)	0.226** (0.042)	0.095 (0.193)
Frca	-7.678** (0.030)	-0.513 (0.292)	-0.289 (0.498)
Roa	62.829** (0.011)	6.830*** (0.000)	6.480*** (0.000)
Size	-0.835*** (0.004)	-0.215*** (0.000)	-0.190*** (0.000)
Lev	-9.615*** (0.001)	-0.227 (0.387)	-0.201 (0.392)
Sep	-0.025 (0.437)	-0.007* (0.078)	-0.005 (0.161)
常数项	30.566*** (0.000)	6.951*** (0.000)	6.205*** (0.000)
年份/行业	控制	控制	控制
样本量	275	299	299
R^2	0.571	0.533	0.556

机构投资者作为一个重要的资本市场参与者，拥有个人投资者所不具备的信息优势、专业优势和资金优势，机构投资者的这些优势是一把双刃

剑，它既可能有助于机构投资者成为资本市场中有效公司外部治理机制和信息中介，提高股票价格的信息含量和市场整体效率，也可能成为机构投资者谋取一己私利的手段，成为市场暴涨暴跌的“助推器”，降低股票价格的信息含量和市场整体效率。鉴于此，本研究进一步研究机构投资者持股对高管侵占型职务犯罪与企业价值关系的影响。本研究按照 IV 取值为 0 还是 1 把全部样本公司分为两组，然后对每一组样本公司采用公式（7－7）分别进行回归，结果如表 7－6 和表 7－7 所示。回归结果显示，无论是将 CAR_3、CAR_7 和 BHAR 作为被解释变量，还是将 FD、Tobin Q 和 MTB 作为解释变量，机构投资者持股比例较低组的 FZ 变量系数均不显著，而机构投资者持股比例较高组的 FZ 变量系数均显著为负。这表明，对于机构投资者持股较多的上市公司，资本市场才会对高管侵占型职务犯罪给予更加严重的惩罚，最终表现为企业价值的下降和陷入财务困境的可能性增加，而对于机构投资者持股比例较少的公司，资本市场并不会对高管侵占型职务犯罪给予更加严重的惩罚，也不会最终表现为企业价值的下降和陷入财务困境的可能性更高，假说 7 得到验证。这一结论表明，在中国，机构投资者起到了有效公司治理机制和信息中介的作用，成为维护资本市场有效运转的重要力量。

表 7－6　　高管侵占型职务犯罪与市场反应分组多元回归结果

变量	CAR_3	CAR_3	CAR_7	CAR_7	BHAR	BHAR
	IV＝0	IV＝1	IV＝0	IV＝1	IV＝0	IV＝1
FZ	0.001 (0.923)	－0.015* (0.075)	－0.012 (0.482)	－0.022* (0.075)	－0.043 (0.595)	－0.111* (0.083)
PE	－0.000 (0.101)	0.000 (0.980)	－0.000* (0.068)	0.000 (0.171)	0.000 (0.674)	－0.000*** (0.008)
EPS	0.002 (0.914)	－0.001 (0.916)	0.002 (0.970)	－0.005 (0.677)	0.013 (0.916)	－0.067 (0.486)
Grow	－0.002*** (0.001)	0.000 (0.815)	－0.002*** (0.005)	－0.000 (0.236)	0.019*** (0.000)	－0.000 (0.581)
State	－0.020 (0.384)	0.005 (0.738)	－0.027 (0.472)	0.044** (0.045)	0.074 (0.594)	0.245* (0.055)

续表

变量	CAR_3	CAR_3	CAR_7	CAR_7	BHAR	BHAR
	IV = 0	IV = 1	IV = 0	IV = 1	IV = 0	IV = 1
CR	0.001 (0.129)	-0.000 (0.826)	0.001** (0.047)	0.000 (0.783)	-0.003 (0.200)	-0.005* (0.057)
Opinion	0.079** (0.033)	-0.002 (0.976)	0.121*** (0.004)	-0.015 (0.624)	0.001 (0.994)	-0.597*** (0.000)
Afirm	0.012 (0.565)	-0.003 (0.840)	0.022 (0.465)	-0.027* (0.094)	-0.249 (0.168)	0.014 (0.874)
Divi	-0.038** (0.014)	0.007 (0.666)	-0.069*** (0.002)	0.011 (0.509)	0.125 (0.243)	0.321** (0.034)
Frca	0.061 (0.262)	-0.012 (0.805)	0.071 (0.335)	-0.019 (0.756)	0.105 (0.658)	0.005 (0.990)
Roa	-0.193 (0.310)	0.005 (0.977)	-0.234 (0.558)	0.193 (0.423)	-0.426 (0.668)	3.781** (0.015)
Size	-0.003 (0.670)	0.007 (0.116)	-0.007 (0.503)	0.010 (0.177)	-0.015 (0.631)	-0.020 (0.629)
Lev	0.037 (0.318)	0.004 (0.882)	0.052 (0.344)	-0.001 (0.977)	0.273 (0.263)	0.656** (0.011)
常数项	-0.004 (0.976)	-0.141 (0.221)	0.067 (0.760)	-0.247 (0.162)	0.262 (0.710)	1.846* (0.087)
年份/行业	控制	控制	控制	控制	控制	控制
样本量	111	190	111	190	111	190
Adj R^2	0.018	0.052	0.000	0.038	0.220	0.217

表7-7 高管侵占型职务犯罪与财务困境、长期企业价值分组多元回归结果

变量	FD	FD	Tobin Q	Tobin Q	MTB	MTB
	IV = 0	IV = 1	IV = 0	IV = 1	IV = 0	IV = 1
FZ	-0.899 (0.282)	-1.973** (0.033)	-0.065 (0.558)	-0.159** (0.032)	-0.032 (0.724)	-0.150** (0.029)
PE	-0.005 (0.642)	0.016* (0.070)	0.003** (0.044)	0.006*** (0.000)	0.003** (0.016)	0.006*** (0.000)

续表

变量	FD	FD	Tobin Q	Tobin Q	MTB	MTB
	IV =0	IV =1	IV =0	IV =1	IV =0	IV =1
Grow	-6.411** (0.020)	1.098 (0.686)	-0.315 (0.358)	0.396* (0.073)	-0.588** (0.047)	0.364* (0.080)
State	-5.422*** (0.003)	2.426* (0.097)	-0.475*** (0.006)	0.050 (0.741)	-0.347** (0.034)	0.041 (0.776)
CR	12.422*** (0.009)	6.087* (0.070)	0.247 (0.602)	-0.012 (0.968)	0.062 (0.874)	0.021 (0.938)
Afirm	0.317 (0.876)	1.976** (0.048)	0.356 (0.117)	0.132 (0.158)	0.100 (0.537)	0.079 (0.322)
Frca	-3.805 (0.524)	-21.258*** (0.004)	-2.296** (0.024)	0.227 (0.727)	-1.258 (0.105)	0.213 (0.716)
Roa	44.819 (0.102)	111.637** (0.039)	1.007 (0.497)	9.836*** (0.000)	2.072 (0.112)	8.986*** (0.000)
Size	-1.843** (0.011)	-2.298** (0.016)	-0.266*** (0.000)	-0.170*** (0.000)	-0.201*** (0.000)	-0.165*** (0.000)
Lev	-16.188*** (0.010)	-15.186*** (0.009)	-0.596 (0.209)	-0.104 (0.699)	-0.645 (0.115)	-0.037 (0.884)
Sep	-0.072 (0.218)	-0.025 (0.681)	-0.010* (0.065)	-0.002 (0.779)	-0.010* (0.061)	0.000 (0.974)
常数项	53.643*** (0.001)	61.965*** (0.001)	8.126*** (0.000)	5.311*** (0.000)	6.455*** (0.000)	5.052*** (0.000)
年份/行业	控制	控制	控制	控制	控制	控制
样本量	95	163	109	181	109	181
R^2	0.656	0.656	0.543	0.649	0.562	0.658

7.4.3 稳健性检验

本研究进行了以下稳健性检验：（1）现有文献除了选择事件日附近的（-1，1）和（-3，3）作为事件窗口以外，还有部分文献选择事件日附近的（-2，2）和（-5，5）作为事件窗口，因此，计算这两个事件窗口的累计超额收益率来衡量短期市场反应。（2）直接使用事件窗口内每天的市场收益率作为样本公司的预期正常收益率，并基于此计算样本公司的累计超额收益率。（3）通过在公式（7-7）中加入FZ与IV的交乘项来分析机构投资者对高管侵占型职务犯罪与市场反应之间关系的影响。上述稳健性检验的结果本质上没有改变本研究的研究结论，这表明本研究的研究结论在一定程度上是稳健的。

7.5 结　　论

本研究运用中国上市公司高管侵占型职务犯罪数据，从短期影响、长期影响和极端影响这三个层面，实证检验了高管侵占型职务犯罪对企业价值的影响。研究结果发现，高管侵占型职务犯罪不仅会给企业带来更差的短期和长期市场反应，而且会导致企业更容易陷入财务困境和具有更低的企业长期价值。进一步的研究还发现，较多的机构投资者持股会导致发生高管侵占型职务犯罪的公司具有更低的企业价值。本研究对于当前理论界和实务界充分认识高管侵占型职务犯罪的经济后果提供了经验证据，也对于重新认识机构投资者之于资本市场的意义提供了新的视角。

从上述研究结论可以引伸出如下政策建议：高管侵占型职务犯罪作为企业拥有较大权力的高级管理人员所实施的一种犯罪行为，它降低了企业价值和损害了资本市场参与者的利益，在短期内会引发资本市场负向的市场反应，因此，当前必须采取有效手段防范和治理高管侵占型职务犯罪，有效保护企业各利益相关者和资本市场参与者的利益。机构投资者作为资本市场的一个重要组成部分，其利用所拥有的多重优势能够有效提升市场参与者的理性程度和提高市场整体效率，鉴于此，为了进一步发挥机构投资者的积极作用，当前仍要加强对机构投资者的培育，同时应建立起政府强制监管、行业自律监管和机构投资者自我监管的系统监管体系，发挥每个监管主体的优势，从而确保机构投资者在中国资本市场中发挥有效公司治理机制和信息中介的积极作用。

第8章　企业高管侵占型职务犯罪的识别与防范

8.1　基于会计调查的识别

第一，国有企业，包括国有控股上市公司的高管应成为企业高管侵占型职务犯罪会计调查的重要对象。

根据有关人员的统计分析与研究表明：侵占型职务犯罪主要发生在国有或国有控股上市公司中，董事长、总经理已成为上市公司高管侵占型职务犯罪的高危人群（李燕兵，2005）。国有股持股比例与高管侵占型职务经济犯罪正相关，也即国有股比例越高，公司越可能发生高管侵占型职务经济犯罪行为（庞金勇、杨延村，2007）。国家股比例与高管违规行为具有显著正相关性，也即国家作为上市公司的大股东，其对上市公司控制权越大，公司更易形成事实上的内部人控制，公司高层越容易发生违规行为（张栋等，2007）。

对于民营企业而言，企业经营的成果直接地表现为企业所有者个人财产的增减，这时，企业所有者自己直接承担着财产盈亏的全部责任或完整责任，对财产的增值必然十分关心。在所有权与经营权相分离的股份公司制条件下，民营企业的所有者通过“用手投票”和“用脚踢票”的方法来约束经营者履行财产经营与增值的完整责任。可见，在民营企业的两权分离条件下，所有者对财产增值的充分关心体现为要求经营者对所有者承担完整的财产责任为前提，它对经营者的财产责任的约束相对硬化。然而对于国有企业而言，企业终极所有者是一个集体的概念，没有明确量化到每一个人，而是由政府代替每一个人来行使国有企业所有者的功能，进而更容易出现所有者“缺位”的现象，进而造成对企业管理者的财产经营管理责任约束的疲软，更容易发生高管侵占型职务犯罪。

根据上述，国有控股的上市公司发生企业高管侵占型职务犯罪的可能性较大。然而，相对于国有控股的上市公司而言，国有企业发生高管职务犯罪的可能性更大。这是因为国有控股的上市公司要受到更多的监督及有关法律与法规的约束。因此，国有企业包括国有控股的上市公司应成为企业高管职务犯罪会计调查的重要对象。

第二，内部缺乏必要的权力制衡机制的企业应是企业高管职务犯罪会计调查的重点。

从上述企业高管侵占型职务犯罪的特点及手法来看：缺少必要的权力制衡是诱发企业高管侵占型职务犯罪的重要原因。企业内部必要的权力制衡机制的缺乏主要表现为：有些企业董事长、总经理同时由一个人担任，董事会成了董事长一人的董事会，企业的经营决策名义上是通过董事会，实际上就是董事长或总经理一人的意志决定。将决策权、审批权、监督权与制约权高度集中在一个人手中，使得公司行为个人化，产生“一人独大”的现象。还有些企业虽然董事长与总经理分任，但是一两名高管就可以左右整个管理层，甚至整个董事会，少数的一两名高管人员在企业和公司中有着绝对的控制权。企业的运作呈现出十分明显的“内部人控制”现象。所有这些都为企业高管侵占型职务犯罪创造了有利的环境条件，因此，对内部缺乏必要的权力制衡机制的企业应引起高度的关注。

第三，内部控制设置的不合理及执行得不到位应构成企业高管职务犯罪会计调查的重要内容。

企业的内部控制制度是有效防范企业高管舞弊与职务犯罪的重要制度安排，凡是涉及做假账的贪污、挪用均与企业内部控制的缺乏或无效相关。然而，内部控制设置得不合理，即未对重要的或关键业务设置控制措施，则内控就不能有效地发挥作用。如在营销环节以及担保贷款、借款、预付货款等业务活动环节都容易产生权钱交易，如果在这些环节缺少必要的控制与牵制措施，很容易产生高管的职务犯罪；又如，对于内部单位较多的集团公司，其银行户头多、财务分散、资金分散、漏洞多，如没有必要的控制环节，则很容易产生账外账、小金库、资金体外循环、主要负责人随意调动大额资金谋私等问题。

有些上市公司对内部控制制度设置的重要性与必要性尚未充分认识到，因此，在内部控制的设置上是应付式的。显然，这种内部控制的设置不可能科学合理。有些企业有着形似科学合理的内部控制，然而，其执行却不到位，打折扣或执行者的故意不执行，这使企业的内部控制形同虚设，无法起到有效的防范作用。

因此，企业内部控制设置得不合理或执行得不到位，都为企业高管的职务犯罪提供了便利，应成为企业高管职务犯罪调查的重点。

第四，企业发生的重大交易事项或经济事项构成了企业高管职务犯罪会计调查的重要事项。

从现已查处的企业高管职务犯罪的案件来看，绝大多数的犯罪案件包括挪用、贪污、受贿等，均隐藏在企业的重大交易或重大经济事项中，或者是以重大交易和重大经济事项为掩护，悄然地进行着。这里所指的重大交易是金额巨大或经常发生的交易事项；重大经济事项主要是指企业转制、并购、重组，重要工程项目的承接或转承，重估价，捐赠物资的处理等等。然而，无论犯罪嫌疑人如何巧妙地掩饰其犯罪行为，均会在会计记录上留下一定的痕迹。因此，当企业发生重大交易或重大经济事项时，应对有关账户进行严格审查：当发生重大交易时，应特别关注其往来账项是否正常，是否存在利用重大交易转移资金，进行贪污、挪用与洗钱，应重点关注转出资金的去向，即收款单位是否合法存在，资金是否经过多个环节的辗转最终被侵吞。同时，应关注企业的关联交易是否正常，是否存在虚开增值税发票进行贪污、挪用企业资金的犯罪行为。在采购与销售环节是否存在虚开运费发票、虚假退货等侵吞企业资产的犯罪行为。当发生重大经济事项时，应审查重大工程项目的审批是否存在董事长或总经理一人签字，缺少必要的牵制与内部控制的现象，同时，还应关注工程项目的有关经费是否存在异常，即是否存在虚列工程和经费的事项，并对工程项目经费的最终处理进行必要的跟踪。对于资产的重估价应着重关注其估价的依据是否合理，是否存在异常的高估，并对账户的会计处理进行跟踪。对于特殊的诸如捐赠及抗震救灾物资处理等经济事项，应着重审查其捐赠与发放是否到位，是否存在利用捐赠转移资金，达到贪污的目的，是否存在将抗震救灾物资进行截留私分的犯罪行为。

8.2　企业高管侵占型职务犯罪的防范

8.2.1　缩短委托代理链条

基于委托—代理理论的观点，企业投资者和管理层之间存在着复杂的委托代理关系和不断拉长的委托代理链条，进而导致了以投资者为代表的利益相关者难以对高管个人行为进行有效约束。鉴于此，上市公司应该简化其与终极控制人之间的委托代理关系，尽可能地缩短委托代理链条，使得终极控制人能够对公司高管进行更加直接和近距离的监督。另外，上市公司及其终极控制人应该在复杂的委托代理链条中明确每一层级公司对下一级公司高管的监管责任，做到权责明确，从而有效实现对公司高管的监督。

8.2.2　完善公司内部治理监督机制

从经济利益的角度来分析，公司治理的关键是要解决什么样的机制或制度安排最有利于确保投资者在企业中的资产得到应有的保护和获得合理投资回报的问题，也即如何保证投资者的合法权益不被企业的“经营者”损害的问题。公司内部治理监督机制既包括股东大会对董事的监督，股东大会和董事会对经理人员的监督和制约，又包括它们之间权力的相互制衡与监督。股东大会的监督权表现在：对玩忽职守，未能尽到受托责任及贪污腐败的董事具有罢免权；对公司董事会、经理人员的经营活动及有关的账目文件具有阅览权。董事会的监督权体现在：行使聘任和解雇经理人员或通过制定重大和长期战略来约束经理人员的行为，对经理人员侵犯公司利益的行为通过法律手段给予制裁。这种公司内部治理监督机制可以强化对企业高管的约束，这种约束可使企业高管侵占型职务犯罪的机会和败德行为的发生率大大降低，在一定程度上可以有效解决两权分离条件下对经营者财产经营责任约束的疲软或弱化的问题，从而达到防范企业高管侵占型职务犯罪的目的。

从国内外企业高管侵占型职务犯罪的案件来分析，几乎所有企业高管侵占型职务犯罪的涉案公司或企业均存在公司内部治理监督机制不完善，或存在着严重的缺陷。

由此可见：建立与完善公司内部治理监督机制是有效应对两权分离条件下经营者财产经营责任约束弱化或疲软的重要制度安排，为此，应敦促企业完善其内部治理监督机制。

8.2.3 建立健全科学的激励与监督机制

应该说，科学合理的薪酬与激励制度是有效防范企业高管侵占型职务犯罪的一个重要制度安排。如上所述，公有制在制度安排上存在的一个重要缺陷就是对经营者财产经营责任约束的疲软，这时，经济人的自利价值取向就有可能诱发高管的侵占型职务犯罪。但如果薪酬与激励机制的科学与合理，充分体现着经营者的劳动回报，则可以在很大程度上防范这一犯罪的发生；倘若薪酬与激励制度不合理，则更易诱发其侵占型职务犯罪。可见，解决公有制在制度安排上缺陷的一个重要机制就是要设计科学合理的薪酬与激励机制。这里的科学合理主要体现在利益的“共赢”，即薪酬与激励制度的设计应充分体现经营者为所有者创造的价值，这样就可以很好地激励高管勤勉工作，主动抵制侵占型职务犯罪，达到防范由于公有制的制度缺陷而导致的侵占型职务犯罪。

应根据经济人利益导向设置科学的激励机制，如根据不同的利益需求，设置实物、货币与精神鼓励相结合的奖励方案，使高管从关心自身利益的角度，认真履行监督职责。与此同时，还应加强外部的监督，包括继续有力地推进反腐，以形成威慑力，加强外部的审计、媒体监督。

8.2.4 完善权力制衡机制

基于权力寻租理论的观点，高管侵占型职务犯罪在本质上是高管利用手中的权力为个人牟取非法利益，因此，上市公司应该合理配置企业的权力结构，将决策权、执行权和监督权配置在不同的部门或高管的手中，尤其要适当分解公司“一把手”的权力和责任，避免出现“一把手”权力过分集中，将每一位高管的权力置于监督和制约之下，从而从根本上实现对高管侵占型职务犯罪行为的有效防范和治理。

应要求企业建立内部权力制衡机制。从现有的有关企业高管侵占型职务犯罪的统计资料来看，涉及利用重大交易事项或重大经济事项的权钱交易的犯罪是企业高管侵占型职务犯罪的主要类型。通过对这些案件的分析不难发现：企业内部缺少必要的权力制衡是导致这类案件发生的重要原因。如果企业或公司内部建立了必要的权力制衡机制，重要交易事项和经济事项不是由一个人签字，而是经由必要的环节并由相关的人员签字，使整个经济业务流程透明化，则可以起到很好的监督作用，以减少高管的寻租空间与机会，毕竟联合多人一起作弊比一人单独作弊要困难得多。

8.2.5　健全市场机制

根据欺诈“三角理论”，国企高管侵占型职务犯罪主要是由三方面的因素共同作用的结果。然而，企业高管的品德及会计职业道德起着决定性的作用。首先，面对同样的压力，大多数人会变压力为动力，寻求合规、合法、合理的释放与解压的途径，通过自身的不懈努力与奋斗获得财富，正所谓“君子爱财，取之有道”，在获取财富的行动中，坚持道德底线。而有些人则将这种压力变成了贪婪的动机，产生了不择手段谋取私利的欲望。这种面对同样的压力所采取的截然不同的解压方法和途径主要取决于人们的道德水准。其次，面对同样的机会和条件，大多数企业高管人员却在用会计的诚信和职业道德约束着自己，而有些高管就利用了财务制度及内部控制的缺陷和权力的失衡，通过做假账、关联交易等会计手法，进行贪污、受贿及挪用的违法犯罪活动。这种面对同样的机会和条件，是利用进行贪污等犯罪活动，还是坚守原则，主要取决于高管人员的诚信和会计职业道德。最后，为自己的职务犯罪寻找所谓的合理化借口，也说明了这些高管人员的败德品质与侥幸的心理。可见，对国企高管人员侵占型职务犯罪的有效治理就是要选拔品德与能力兼优的人员担任高管。西方发达国家的经验充分显示：相对健全与有效的资本市场，可以使资源达到有效配置的同时，很好地防范高管的侵占型职务犯罪。例如，有效的资本市场可以使竞争充分，使行业之间的要素流动顺畅，不会形成垄断市场、垄断价格和垄断利润，这可排除由于市场缺少均衡价格而导致高管侵占型职务犯罪的诱因。经理人市场的建立与健全，可以使经理人市场内在机制作用的充分发挥，合理确定经理人的人力资本价格，为经理人的择业与流动提供一种公开、公平、公正的竞争机制，从而引导经理人资源的合理流向和配置。同时，将那些品行不端、素质低下、能力不强的经理人员予以淘汰，这可以在很大的程度上降低经理人员的败德行为和道德风险极端情况的发生。完善的资本市场和经理人市场还可以引导薪酬与激励机制的科学合理设置，这种机制可以激发经理人员主动抵制职务犯罪。

应建立科学的企业高管人员选聘机制。我国许多上市公司的董事长和高管人员的任免不是直接行政任命，就是由大股东指定，而不是根据《公司法》所规定的程序产生。这种任命机制不利于品行兼优的高管人员的选聘，也是“一人独大”现象产生的重要原因。为此，应建立科学合理的企业高管人员的选聘机制，完善经理人市场机制，从制度上为企业选聘素质良好的高管人员提供必要的平台和保证。

实行必要的同行业的岗位轮换制。即便是经理人市场产生的总经理或高管，也应在同行业内定期实行换岗制。这样，可以加强对在任高管的制约与约束，从而有效抑制犯罪团伙形成，并且，通过高管的离任审计，也能尽早和及时发现问题。

总之，要想有效地扼制我国企业高管侵占型职务犯罪，就必须健全市场机制，包括经理人市场机制、竞争机制和薪酬与激励机制，按市场经济规律要求来经营与管理企业。目前，我国也已充分认识到了我国市场经济建设中的不足，并进行了必要的改革，如经理人股权激励制度的设置等等，所有这些都显示了我国在不断地向完善的市场经济迈进，我们仍应继续加大力度推进经理人市场机制的建立与健全，形成较为完善的市场竞争环境，提高市场效率，从而达到有效防范高管职务犯罪的目的。

8.2.6 建立健全内部控制及财务会计制度

监督企业建立健全有效的内部控制制度。有效的内部控制制度包括在设置上符合《内部控制规范》要求及企业的实际情况，同时，还能被有效执行。科学合理的内部控制制度应是在《内部控制规范》的指引下根据企业的经营性质、经营流程设置必要的控制措施，如在采购、销售、付款及预付款等关键环节设置必要的控制措施；对于内部单位较多的集团公司，应设置必要的财务控制制度，以便严密关注大额资金的调动与流向，防止资金被转移。在建立健全内部控制的基础上，应要求企业严格执行内部控制制度，切实保证内部控制制度作用的发挥。

关注企业会计信息的异常。从会计方法入手的分析，有助于尽早识别侵占型职务犯罪的端倪。因为绝大多数的侵占型职务犯罪的证据都隐藏在各种财务会计信息中，无论犯罪嫌疑人的犯罪手段如何高明，都免不了在财务会计资料中留下痕迹。

8.2.7　完善相关法律法规

法律与法规历来都是打击犯罪的重要武器。相关法律法规的完善主要包括：

（1）加大高管侵占型职务犯罪的成本。已有法律法规对高管侵占型职务犯罪的处罚，包括经济处罚过轻，是一些高管铤而走险的重要原因。为此，大大提高对侵占型职务犯罪的惩罚力度，使他们无利可得，这可以在很大程度上减少高管侵占型职务犯罪的动机。

（2）加强执法的力度。完善的法律法规需要不折不扣地执行，才能达到目的。对于涉案的高管人员应严格按照法律法规要求进行惩处，彻底打消其侥幸的心理，这样，可以大大降低高管侵占型职务犯罪的发生率。

（3）及时修订有关会计、审计准则等，减少对契约剩余空间的不合理操纵，并从社会审计、税收、工商等方面进行必要的监督配合。

参 考 文 献

[1] 埃德温·曼斯菲尔德：《应用微观经济学》，经济科学出版社1999年版。

[2] 艾健明、柯大钢："多元化与企业价值的关系研究"，《经济管理》，2005年第14期。

[3] 百重恩等："中国上市公司治理结构的实证研究"，《经济研究》，2005年第2期。

[4] 财政部等：《企业内部控制规范2010》，中国财政经济出版社2010年版。

[5] 曾威："不对称信息下国企高管激励与腐败治理机制研究"，《财经问题研究》，2013年第12期。

[6] 陈德球、步丹璐："管理层能力、权力特征与薪酬差距"，《山西财经大学学报》，2015年第3期。

[7] 陈冬华、陈信元："国有企业中的薪酬管制与在职消费"，《经济研究》，2005年第2期。

[8] 陈冬华等："职工激励、工资刚性与企业绩效"，《经济研究》，2010年第7期。

[9] 陈国进、张贻军、刘淳："机构投资者是股市暴涨暴跌的助推器吗"，《金融研究》，2010年第11期。

[10] 陈信元、汪辉："股东制衡与公司价值：模型及经验证据"，《数量经济技术经济研究》，2004年第11期。

[11] 陈信元等："地区差异、薪酬管制与高管腐败"，《管理世界》，2009年第11期。

[12] 陈星："职务犯罪的经济学分析"，《中国刑事法杂志》，2000年

第1期。

［13］陈运森、王汝花：“产品市场竞争、公司违规与商业信用”，《会计与经济研究》，2014年第5期。

［14］醋卫华、夏云峰：“声誉机制起作用吗”，《财经科学》，2012年第10期。

［15］邓路、王化成、李思飞：“上市公司定向增发长期市场表现：过度乐观还是反应不足”，《中国软科学》，2011年第6期。

［16］杜莹、刘立国：“股权结构与公司治理效率：中国上市公司的实证分析”，《管理世界》，2002年第11期。

［17］樊纲、王小鲁、朱恒鹏：《中国市场化指数——各地区市场化相对进程2011年报告》，经济科学出版社2011年版。

［18］冯殿美：“关于职务犯罪的概念、特征和类型”，《山东大学学报（哲社版）》，1999年第3期。

［19］巩娜：“高管薪酬差距、控股股东与民营上市公司绩效关系实证分析”，《中央财经大学学报》，2015年第7期。

［20］郭泓、赵震宇：“承销商声誉对IPO公司定价、初始和长期回报影响实证研究”，《管理世界》，2006年第3期。

［21］韩忠雪、尚娟、周婷婷：“董事会激励、所有权结构与公司价值”，《山西财经大学学报》，2009年第4期。

［22］贺伟、龙立荣：“实际收入水平、收入内部比较与员工薪酬满意度的关系”，《管理世界》，2011年第4期。

［23］侯宇、叶冬艳：“机构投资者、知情人交易和市场效率”，《金融研究》，2008年第4期。

［24］胡军、郭峰：“企业寻租、官员腐败与市场分割”，《经济管理》，2013年第11期。

［25］黄玖立、李坤望：“吃喝、腐败与企业订单”，《经济研究》，2013年第6期。

［26］黄群慧：“管理腐败新特征与国有企业改革新阶段”，《中国工业经济》，2006年第11期。

［27］加里·贝克尔著，陈业宇、陈琪译：《人类行为的经济学分析》，上海人民出版社2008年版。

[28] 姜付秀、刘志彪、陆正飞："多元化经营、企业价值与收益波动研究"，《财经问题研究》，2006 年第 11 期。

[29] 姜付秀、陆正飞："多元化与资本成本的关系"，《会计研究》，2006 年第 6 期。

[30] 金晓斌等："公司特质、市场激励与上市公司多元化经营"，《经济研究》，2002 年第 9 期。

[31] 金泽刚、于鹏："公司高管犯罪的现状、成因与对策思考——以上市公司高管人员犯罪为例"，《社会科学》，2009 年第 9 期。

[32] 金泽刚、于鹏："上市公司高管犯罪问题研究"，《证券法苑》，2010 年第 1 期。

[33] 柯兰德著，马春文，宋春艳译：《新古典政治经济学：寻租和 DUP 行动分析》，长春出版社 2005 年版。

[34] 孔东民、孔高文、刘莎莎："机构投资者、流动性与信息效率"，《管理科学学报》，2015 年第 3 期。

[35] 黎文靖、岑永嗣、胡玉明："外部薪酬差距激励了高管吗"，《南开管理评论》，2014 年第 4 期。

[36] 黎文靖、胡玉明："国企内部薪酬差距激励了谁"，《经济研究》，2012 年第 12 期。

[37] 李捷瑜、黄宇丰："转型经济中的贿赂与企业增长"，《经济学季刊》，2010 年第 4 期。

[38] 李瑞华："国有企业高管寻租性腐败分析"，《云南财经大学学报》，2010 年第 6 期。

[39] 李若山、祁新娥："对当前我国企业舞弊问题的实证调查"，《审计研究》，2002 年第 2 期。

[40] 李若山："企业舞弊与反舞弊的国际理论探析"，《外国经济与管理》，1999 年第 1 期。

[41] 李燕兵：《上市公司高管职务犯罪问题研究——论违反忠实义务行为的犯罪化》，中国检察出版社2005 年版。

[42] 李志文、余佩琨、杨靖："机构投资者与个人投资者羊群行为的差异"，《金融研究》，2010 年第 11 期。

[43] 廖进球：《论市场经济中的政府》，中国财政经济出版社 1998

年版。

[44] 林斌、刘瑾："市场化进程、财政状况与审计绩效"，《审计与经济研究》，2014 年第 3 期。

[45] 刘锦、王学军："寻租、腐败与企业研发投入"，《科学学研究》，2014 年第 10 期。

[46] 刘星、刘伟："监督抑或共谋"，《会计研究》，2007 年第 6 期。

[47] 鲁海帆："高管团队内部薪酬差距、合作需求与多元化战略"，《管理科学》，2007 年第 8 期。

[48] 陆珩瑱、吕睿："资本结构选择偏好、成长性与公司绩效"，《投资研究》，2012 年第 3 期。

[49] 陆正飞、施瑜："从财务评价体系看上市公司价值决定"，《会计研究》，2002 年第 5 期。

[50] 马巧珍："中国金融高管腐败问题研究及对策浅析"，《金融经济》，2006 年第 6 期。

[51] 庞金勇、杨延村："上市公司高管职务经济犯罪与公司治理相关性研究"，《科学·经济·社会》，2007 年第 2 期。

[52] 祁斌、黄明、陈卓思："机构投资者与市场有效性"，《金融研究》，2006 年第 3 期。

[53] 权小锋、吴世农、文芳："管理层权力、私有收益与薪酬操纵"，《经济研究》，2010 年第 11 期。

[54] 苏卫东、陈超："上市公司股权结构与经营者腐败"，《南方金融》，2005 年第 3 期。

[55] 苏武康："中国上市公司股权集中度与公司绩效实证研究"，《经济体制改革》，2003 年第 3 期。

[56] 塔洛克著，李政军译：《寻租——对寻租活动的经济学分析》，西南财经大学出版社 1999 年版。

[57] 谭洪涛、蔡利、蔡春："公允价值与股市过度反应"，《经济研究》，2011 年第 7 期。

[58] 汪辉："上市公司债务融资、公司治理与市场价值"，《经济研究》，2003 年第 8 期。

[59] 王浩、向显湖、尹飘扬："高管权力、外部薪酬差距与公司业绩

预告行为”，《华中科技大学学报》，2015 年第 6 期。

［60］王辉：“完善企事业单位内部控制制度与预防职务犯罪”，《中国刑事法杂志》，2002 年第 6 期。

［61］王克敏、吕长江：“控制权安排与国有企业经理腐败”，《吉林大学社会科学学报》，2001 年第 3 期。

［62］王鹏、周黎安：“控股股东的控制权、所有权与公司绩效”，《金融研究》，2006 年第 2 期。

［63］王前锋：“我国上市公司高管犯罪现象分析”，《商业研究》，2007 年第 1 期。

［64］王荣利：“2011 年度中国企业家犯罪报告”，《法人》，2012 年第 2 期。

［65］王荣利：“2011 年度中国企业家犯罪报告”，《法制日报》，2012 年 1 月 16 日。

［66］王跃堂、赵子夜、魏晓雁：“董事会的独立性是否影响公司绩效”，《经济研究》，2006 年第 5 期。

［67］吴林祥：“股份全流通后高管行为变化及监管对策”，《证券市场导报》，2008 年第 5 期。

［68］吴淑琨：“股权结构与公司绩效的 U 型关系研究”，《中国工业经济》，2002 年第 1 期。

［69］吴溪、杨育龙、陈旭霞：“‘非清洁’内控审计意见的市场反应充分吗”，《审计研究》，2016 年第 1 期。

［70］夏立军、方轶强：“政府控制、治理环境与公司价值”，《经济研究》，2005 年第 5 期。

［71］肖作平：“股权结构、资本结构于公司价值的实证研究”，《证券市场导报》，2003 年第 1 期。

［72］徐雷、王乐：“企业腐败动机与‘最优’腐败程度实证研究”，《商业经济与管理》，2014 年第 9 期。

［73］徐莉萍、辛宇、陈工孟：“股权集中度和股权制衡及其对公司经营绩效的影响”，《经济研究》，2006 年第 1 期。

［74］徐细雄、刘星：“放权改革、薪酬管制与企业高管腐败”，《管理世界》，2013 年第 3 期。

[75] 徐向艺、张立达："上市公司股权结构与公司价值关系研究"，《中国工业经济》，2008 年第 4 期。

[76] 许小年、王燕：《中国上市公司的所有制结构与公司治理》，中国人民大学出版社 2000 年版。

[77] 杨海珍、徐文元："上市公司高管犯罪问题分析"，《中国金融》，2005 年第 8 期。

[78] 杨玉凤、曹琼、吴晓明："上市公司信息披露违规市场反应差异研究"，《审计研究》，2008 年第 5 期。

[79] 杨志强、王华："公司内部薪酬差距，股权集中度与盈余管理行为"，《会计研究》，2014 年第 6 期。

[80] 叶勇、黄雷："基于法系差异的终极控制权、现金流量权比较研究"，《管理科学》，2007 年第 5 期。

[81] 游家兴、汪立琴："机构投资者、公司特质信息与股价波动同步性"，《南方经济》，2012 年第 11 期。

[82] 于东智："董事会行为、治理效率和公司绩效"，《管理世界》，2001 年第 2 期。

[83] 张栋、王秀丽、姜锡明："股权结构与上市公司高管违规行为"，《山西财经大学学报》，2007 年第 5 期。

[84] 张栋、杨兴全："高管薪酬、内部差距与商业银行业绩"，《中央财经大学学报》，2015 年第 3 期。

[85] 张蕊、陈剑洪："基于会计视角的国企高管侵占型职务犯罪的特征分析及其防范"，《当代财经》，2013 年第 4 期。

[86] 张蕊、管考磊："高管侵占型职务犯罪、机构投资者与市场反应——来自中国上市公司的经验证据"，《会计研究》，2017 年第 12 期。

[87] 张蕊、管考磊："企业高管侵占型职务犯罪对企业价值的影响研究"，《当代财经》，2015 年第 10 期

[88] 张蕊、管考磊："高管薪酬差距会诱发侵占型职务犯罪吗"，《会计研究》，2016 年第 9 期。

[89] 张蕊："基于'欺诈三角理论'的国有企业高管侵占型职务犯罪成因分析"，《当代财经》，2012 年第 5 期。

[90] 张蕊："企业高管侵占型职务犯罪的会计调查及防范"，《会计研

究》，2011 年第 11 期。

[91] 张蕊：“我国企业高管侵占型职务犯罪的机理研究”，《经济管理》，2011 年第 10 期。

[92] 张蕊：“高风险形式下企业欺诈与舞弊的防范”，《会计研究》，2010 年第 7 期。

[93] 张蕊：《企业战略经营业绩评价指标体系研究》，中国财政经济出版社 2002 年版。

[94] 张苏彤：《法务会计高级教程》，中国政法大学出版社 2007 年版。

[95] 张震：“后萨班斯时代财务重述长期市场反应实证分析”，《东北农业大学学报社会科学版》，2016 年第 1 期。

[96] 张正堂：“企业内部薪酬差距对组织未来绩效影响的实证研究”，《会计研究》，2008 年第 9 期。

[97] 赵昌文等：“家族企业独立董事与企业价值”，《管理世界》，2008 年第 8 期。

[98] 周好文、李纪建、刘婷婷：“股权结构、董事会治理与上市公司高管舞弊行为”，《当代经济科学》，2006 年第 6 期。

[99] 朱冠东：“上市公司违规行为的市场反应研究”，《山西财经大学学报》，2011 年第 7 期。

[100] 朱红军、汪辉：“‘股权制衡’可以改善公司治理吗”，《管理世界》，2004 年第 10 期。

[101] 朱武祥、宋勇：“股权结构与企业价值”，《经济研究》，2001 年第 12 期。

[102] Abreu, D., and M. K. Brunnermeier. Bubbles and Crashes. Econometrica, 2003, 71 (1): 173 – 204.

[103] Acemoglu, D., and T. Verdier. The Choice between Market Failures and Corruption. American Economic Review, 2000. 90 (1): 194 – 211.

[104] Aghion P., Bolton P.. An Incomplete Contracts Approach to Financial Contracting. Review of Economic Studies, 1992, 59 (3): 473 – 494.

[105] Agrawal A., Mandelker G. N., Large Shareholders and the Monitoring of Managers. Journal of Financial and Quantitative Analysis, 1990, 25

(2): 143 -161.

[106] Benson, B. W., Davidson W. N., Reexamining the Managerial Ownership Effect on Firm Value, Journal of Corporate Finance, 2009 15 (5): 573 -586.

[107] Bologna G. Jack, Lindquist Robert J. and Wells Joseph T.. The Accountant's Handbook of Fraud and Commerical Crime. John Wiley & Sons Inc, 1993.

[108] Bolton P., Scheinkman J., Xiong W.. Executive Compensation and Short - termist Behavior in Speculative Markets. The Review of Economic Studies, 2006, 73 (3), 577 -611.

[109] Brickley J. A., Coles J. L., Terry R. L., Outside Directors and the Adoption of Poison Pills, Journal of Financial Economics, 1994, 35 (3): 371 -390.

[110] Burkart M., Gromb D., Panunzi F., Large Shareholders, Monitoring, and the Value of the Firm, The Quarterly Journal of Economics, 1997, 112 (3): 693 -728.

[111] Campa, J. M., Kedia, S., Explaining the Diversification Discount. The Journal of Finance, 2002, 57 (4): 1731 -1762.

[112] Chen Y. L., Liu M. Su J., Greasing the Wheels of Bank Lending: Evidence from private firms in China, Journal of Banking and Finance, 2013, 37 (7): 2533 -2545.

[113] Chen, G., M. Firth, N. Gao, and O. M. Rui. Is China's Securities Regulatory Agency a Toothless Tiger? Evidence from Enforcement Actions. Journal of Accounting and Public Policy, 2005, 24 (6): 451 -488.

[114] Cho M. H., Ownership Structure, Investment, and the Corporate Value, Journal of Financial Economics, 1998, 47 (1): 103 -121.

[115] Claessens S, Djankov S, Fan J P H, et al., Disentangling the Incentive and Entrenchment Effects of Large Shareholdings, Journal of Finance, 2002, 57 (6): 2741 -2771.

[116] Claessens, Stijn & Djankov, Simeon & Lang, H.. The Separation of Ownership and Control in East Asian Corporations. Journal of Financial Eco-

nomics. 1999 (58): 81 - 112.

[117] De Rosa, D., N. Gooroochurn, and H. Görg. Corruption and Productivity: Firm - Level Evidence from the Beeps Survey. Available at www.ssrn.com, 2015.

[118] Dyck, A., Zingales L., Private Benefits of Control, The Journal of Finance, 2004, 59 (2): 537 - 600.

[119] Eric Van den Steen, Disareement and the Allocation of Control. Journal of Law, Economics and Organization, 2010, 26 (2): 385 - 426.

[120] Eriksson T.. Executive Compensation and Tournament Theory: Empirical Tests on Danish Data. Journal of Labor Economics, 1999, 17 (2): 62 - 80.

[121] Fisman, R, and J. Svensson, Are Corruption and Taxation Really Harmfulto Growth, Journal of Development Economics, 2007, 83 (1): 63 - 75.

[122] Goktan M. S., Kieschnick R. L., Moussawi R.. Corporate Governance and Firm Survival [J]. Journal of Social Sciences, Humanities, and Arts, 2013, 13 (1): 33 - 62.

[123] Graham J. R., Lemmon M. L., Wolf J., Does Corporate Diversification Destroy Vale, The Journal of Finance, 2002, 57 (2): 695 - 720.

[124] Grossman S. J., Hart O. D.. The Costs and Benefits of Ownership [J]. Journal of Political Economy, 1986, 94 (4): 691 - 719.

[125] Han K., Suk D., The Effects of Ownership Structure on Firm Performance, Review of Financial Economics, 1998 (7): 143 - 155.

[126] Harris, M., and A. Raviv. Corporate Control Contests and Capital Structure. Journal of Financial Economics, 1988, 20 (1 - 2): 55 - 86.

[127] Heinkel R., A Theory of Capital Structure Relevance under Imperfect Information, Journal of Finance, 1982, 37 (5): 1141 - 1150.

[128] Holderness C. G., Sheehan K. D. P.. Were the Good Old Days That Good? Changes in Managerial Stock Ownership since the Great Depression. The Journal of Finance, 1999, 54 (2): 435 - 469.

[129] Huang L. J., Snell R. S., Turnaround Corruption and Mediocrity: Leadership and Governance in Three State Owned Enterprises in Mainland

China, Journal of Business Ethics, 2003, 43 (1 -2): 111 -124.

[130] Huang, J. Z, and Y. Wang. Timing Ability of Government Bond Fund Managers: Evidence from Portfolio Holdings. Management Science, 2008, 60 (8): 2091 -2109.

[131] Iwasaki, I. Global Financial Crisis, Corporate Governance, and Firm Survival: The Russian experience. Journal of Comparative Economics, 2014, 42 (1): 178 -211.

[132] Jensen M. C., Meckliong W., Theory of the Firm: Managerial Behavior, Agency Costand Ownership Structure, Journal of Financial Economics, 1976, 3 (4): 305 -360.

[133] Jensen M., Agency Costs of Free Cash Flow, Corporate Finance and Takeover, American Economic Review, 1986, 76 (2): 323 -329.

[134] Kale J. R., Noe T. H., Risky Debt Maturity Choice in a Sequential Game Equilibrium, Journal of Financial Research, 1990, 13 (2): 155 -165.

[135] Karpoff J. M., Lee D. S., Martin G. S.. the Cost To Firms of Cooking the Books [J]. Journal of Financial and Quantitative Analysis, 2008, 43 (3): 581 -611.

[136] Karpoff J. M., Lott J. R.. The Reputational Penalty Firms Bear from Committing Criminal Fraud [J]. Journal of Law and Economics, 1993 (36): 757 -802.

[137] Krueger A.. The Political Economy of Rent Seeking Society [J]. American Economics Review, 1974, 64 (3), 291 -303.

[138] Lazear E. P., and S. Rosen. Rank - Order Tournaments as Optimum Labor Contracts. Journal of Political Economy, 1981, 89 (5): 841 -864.

[139] Lins K. V., Servaes H., International Evidence on the Value of Corporate Diversification, Journal of Finance, 1999, 54 (6): 2215 -2239.

[140] Lins K. V., Servaes H., Is Corporate Diversification Beneficial in Emerging Market, Financial Management, 2002, 31 (2): 5 -31.

[141] Mahy B., F. Rycx, and M. Volral. Does Wage Dispersion Make All Firms Productive. Scottish Journal of Political Economy, 2011, 58 (4):

455 – 489.

[142] Mansi S., M. Reeb, Corporate Diversification: What Gets Discounted, Journal of Finance, 2002, 57 (5): 2167 – 2183.

[143] Martins P. S.. Worker churning and firms' wage policies. International Journal of Manpower, 2008, 29 (1): 48 – 63.

[144] McConnell J., ServaesH., Additional Evidence on Equity Ownership and Corporate value, Journal of Financial Economics, 1990, 27 (2): 595 – 612.

[145] Meon Pierre – Guillaume, Weill L., Is Corruption an Efficient Grease, World Development, 2010, 38 (3): 244 – 259.

[146] Morck, R., A. Shleifer, and R. W. Vishny. Do Managerial Objectives Drive Bad Acquisitions. The Journal of Finance, 1990, 45 (1): 31 – 48.

[147] Murphy, K., A. Shleifer, and R. Vishny, Why Is Rent – Seeking So Costly to Growth? American Economic Review, 1993, 83 (2): 409 – 414.

[148] Oler D., Olson B., Skousen C. J.. Governance, CEO Power and Acquisitions [J]. Journal of Finance, 2011 (8): 2012 – 2045.

[149] Pradyot K. Sen, Ownership Incentives and Management Fraud, Journal of Business Finance and Accounting, 2007, 34 (7): 1123 – 1140.

[150] Rajan R. G., Zingales L., What Do We Know about Capital Structure. The Journal of Finance, 1995, 50 (5): 1421 – 1460.

[151] Rajan R., Servaes H., Zingales L., The Cost of Diversity: Diversification Discount and Inefficient Investment, Journal of Finance, 2000, 55 (1): 35 – 80.

[152] Shleifer A., Vishny R. W., LargeShareholders and Corporate Control, Journal of Political Economy, 1986, 94 (3): 461 – 488.

[153] Siegel J.. Can Foreign Firms Bond Themselves Effectively by Renting U. S. Securities Laws [J]. Journal of Financial Economics, 2005 (75): 212 – 238.

[154] Stulz R. M., Managerial Discretionand Optimal Financing Policies, Journal of Financial Economics, 1990, 26 (1): 3 – 27.

[155] Stulz, René M. Tobins Q, corporate diversification and firm performance [J]. Journal of Political Economy, 1993, 102 (6): 1248 - 1280.

[156] Wang, Y., and J. You. Corruption and Firm Growth: Evidence from China. China Economic Review, 2012, 23 (2): 415 - 433.

[157] Watson S., Hirsch R., The Link between Corporate Governance and Corruption in New Zealand, New Zealand Universities Law Review, 2010, 24 (1): 42 - 78.

[158] Wermers, R. Mutual Fund Performance: An Empirical Decomposition into Stock - Picking Talent, Style, Transactions Costs, and Expenses. The Journal of Finance, 2000, 55 (4): 1655 - 1703.

[159] Williams M. L., M. A. McDaniel, and N. T. Nguyen. A Meta - Analysis of the Antecedents and Consequences of Pay Level Satisfaction, Journal of Applied Psychology, 2006, 91 (2): 392 - 413.

[160] Wu X., Corporate Governance and Corruption, Administration and Institutions, 2005, 18 (2): 151 - 170.

[161] Xuan Y. Empire - building or Bridge - building, The Review of Financial Studies, 2009, 22 (12): 4919 - 4948.

[162] Yalamov, T., B. Belev. Corporate Governance: an Antidote to Corruption, Corporate Governance: an Anidote to Corruption. CIPE, Washington, 2002: 33 - 36.

[163] Zarb Bert J., Do Credible Financial Reporting and Government Intervention Play a Role in PreventingCorruption, Journal of International Business and Economics, 2007, 7 (1): 149 - 163.